玩出来by 超强大脑

棋后妈妈带你教出 聪明 娃

谢军 著

人民邮电出版社

北京

图书在版编目（CIP）数据

玩出来的超强大脑 ：棋后妈妈带你教出聪明娃 / 谢军著. -- 北京 ：人民邮电出版社，2022.10
ISBN 978-7-115-59815-8

Ⅰ．①玩… Ⅱ．①谢… Ⅲ．①智育－家庭教育 Ⅳ．①G78

中国版本图书馆CIP数据核字(2022)第144367号

内 容 提 要

爱玩是孩子的天性。如何在顺应孩子天性的同时，最大化激发其多元化的天赋潜能？

国际象棋女子世界冠军、心理学博士、教育学博士后谢军写给家长的高质量陪伴指南，带你培养头脑灵敏、内心强大的孩子。

无论你的孩子是否学棋，无论他学的是哪一种棋，相信你都能从世界冠军的教育观中汲取智慧：怎样提升孩子的心理素质？如何培养正确的胜负观？如何兼顾学业与特长？如何成为"好心态"家长？……本书适合家有棋童的家长和希望掌握"聪明"教育要领的非棋童家长。

让我们放松心情，帮助孩子成为更好的自己。

◆ 著　　　谢　军
责任编辑　朱伊哲
责任印制　周昇亮

◆ 人民邮电出版社出版发行　北京市丰台区成寿寺路 11 号
邮编　100164　电子邮件　315@ptpress.com.cn
网址　https://www.ptpress.com.cn
天津千鹤文化传播有限公司印刷

◆ 开本：880×1230　1/32
印张：5.5　　　　　2022 年 10 月第 1 版
字数：110 千字　　2022 年 10 月天津第 1 次印刷

定价：49.80 元

读者服务热线：(010)81055296　印装质量热线：(010)81055316
反盗版热线：(010)81055315
广告经营许可证：京东市监广登字 20170147 号

前言 棋局中的故事

　　琴棋书画被誉作中国古代"四大才艺"，精通其一，便可算是一技傍身了吧？

　　其中，棋艺活动的效果得到了社会的广泛认可，很多家长为孩子报名参加棋艺培训班。家有棋童的日子给家庭生活带来了新内容、新目标和新的收获，但家长也会遇到新的问题——如何才能帮助孩子更好地度过学棋的时光呢？

　　最近几年，有几部以国际象棋为主题的电影广受好评，其中，一部以肯尼亚女孩为原型的电影《卡推女王》（*Queen of Katwe*）讲述了沙漠中贫苦孩子的成长经历，国际象棋不仅改变了一个来自荒漠之地的孩子的人生，也激励着人们去奋斗、去逐梦。而《后翼弃兵》（*The Queen's Gambit*）中的天才女孩，则以一种不同寻常的人生阅历实现了棋手生涯的辉煌。

小小棋局里蕴含着大千世界，棋局当中演绎的故事更是值得我们揣摩、思考。

孙中山先生就曾独具匠心，寓政治于象棋，潜心研究排局。有一个排局，轮到走棋的一方已经面临被绝杀的境地，他的走法是接二连三弃子，最后将有限的兵力形成合力，突破对方的王城，制造将杀。在推翻半殖民地半封建社会的革命中，最需要的力量就是貌视困难的勇气和齐心协力的行动。在这样的情境下，孙中山先生将这一排局题发给其他革命伙伴，用解题的诀窍蕴含着的深刻道理来激励大家：即便眼前困难重重，看似希望渺茫，但只要同心协力，就能破敌制胜。

谈笑风生是棋局，才华横溢是棋局，改变命运是棋局，棋局内外的故事引发我们内心深处的思考和共鸣。小棋局，大世界。棋，是智力的运动，智慧的体操，文明的瑰宝。学棋，不仅能培养技能才艺，更能磨炼意志品质。有效的棋艺训练，将下棋转化成教学工具和活动载体，帮助受教育的个体成为更好的自己。

我从小喜欢棋牌类的智力游戏，谁也没想到当年那个跟着棋迷父亲在马路边棋摊儿上凑热闹的小女孩后来真的踏上棋坛之旅，并在这条路上找到了无上的快乐和展现才能的平台。

对更多学棋的孩子而言，他们可能在下棋方面的才华并没有那么突出，训练和比赛的机会没那么好，自身对棋的兴趣也没有那么浓厚，那是不是就没必要参加棋类训练了呢？

答案当然是否定的！因为获得冠军不是让孩子参加棋艺活动的终极目标！

棋手不是一个终身职业，无论孩子学棋达到什么水平，从长远看，棋类项目的教育（赛事）活动都不过是一种学习和训练。棋，已成为人们沟通交流的桥梁和语言，棋手在对局较量过程中结识新朋友，形成良好的思维推理和判断习惯……

回首几十年的棋艺生涯，无论是做棋手、教练、棋院的院长，还是现在任职高校成为一名教育工作者，我一直能够感受到早年的棋艺训练对自己人生的影响。我很庆幸自己遇到棋，棋局当中的千变万化教会我思考，在指挥小小棋盘上的千军万马的过程中，我不断学习总结、归纳新鲜知识，形成判断的依据和执行的策略。

纹枰对弈是一个博弈的过程，棋童的成长路上，有太多的话题值得人们思考。棋局内外的故事，大家一起慢慢聊。

谢军

2022 年 7 月于北京

目 录

[第一章] 与棋初相识

[第二章] 学棋第一课

[第三章] 比赛那些事儿

[第四章] **孩子的小心思**

[第五章] **棋童家长的自我修养**

第一章

与棋初相识

要不要让孩子学习下棋？

随着各种素质教育培训班的流行，棋类项目成了"香饽饽"，特别是围棋、象棋和国际象棋。看到邻居每周都送孩子去学棋，我也有些心动了，要不要也让自己的孩子学习下棋呢？

冠军妈妈来支招

棋牌活动是非常好的智力游戏，特别是对孩童而言，棋牌活动的趣味性和游戏性很强，不枯燥，也没有必须完成任务的压力。

我从小"误入棋途"，得益于早期的棋艺训练，成长的道路上，课业学习从来不是费劲的事情，这大概要归功于棋牌活动对我认知领域发展的促进。

青少年是否经过了系统训练，其思维能力会表现出很大差别。虽然思维能力是一种很抽象的优势，思维能力的提高难以用数量表现，但在某个特殊时间节点或某件事情发生时，我们能感觉到不同孩子间存在着质的差异。

下棋对一个人的心理素质同样起到很好的磨炼作用。

现代社会的经济水平提高了，小孩子在优渥的环境中成长起来，但是不经过生活当中的真实演练，仅凭书本上的知识和大人的说教，很难培养孩子的抗挫能力。

棋手在棋艺训练的过程中要面对不同局势，承受胜负的磨砺——不管是自己期望的胜利，还是带着些许苦涩的失败，都是棋局对弈当中的正常结果。往往，初学棋的小朋友输了会哇哇大哭，难以接受失利的心态尽显。不过，经过一段时间的磨炼之后，小家伙们就颇具胜不骄、败不馁的大家风范了。

决定是否送孩子参加棋艺训练之前，家长需要想明白一件事情，那就是孩子学棋的初衷。

在我童年时，最快乐的事情就是看邻居大人打牌、下棋，这些游戏对我有一种说不出的天然的吸引力。这种浓厚的兴趣很快被家里的大人们发现，身为棋迷的父亲便带着我坐在街头的路灯边看棋迷们下棋。我在不知不觉间学会了棋局规则，更想弄明白棋局当中的门道。再后来，当我已经可以在家门口的棋摊中所向披靡时，父亲便不辞辛苦带着他这个爱棋的宝贝丫头到处拜师约战。接下来就是报名参加比赛，碰巧，比赛时被教练看中，随后进入一个更高水平的平台学习锻炼。从某种意义上讲，我自己是机缘巧合走上棋手的道路的。

所以，大人们只要观察一段时间，就能看出孩子是不是发自内心喜欢下棋，那种见到棋盘、棋子，眼睛就紧紧盯住不放，有棋下就像过节一般快乐的孩子，值得花工夫培养，小家伙的棋艺才华也一定差不了。

下棋真的能变得更聪明吗？

美国教育家泰德·贝尔博士说过："国际象棋是一项需要警觉意识、分析和判断能力的高难度游戏，在这一时期（4岁半以后）可以教孩子下简单的国际象棋，如果孩子能学会简单的国际象棋，那么会极大开发孩子的智力。"

我也经常听到有人说"下棋的孩子更聪明"。让孩子学习下棋真的能开发智力吗？

冠军妈妈来支招

究竟是下棋令孩子更聪明，还是聪明的孩子喜欢下棋？

对于这个问题的答案，我更倾向于前者。不否认，喜欢下棋的孩子大多对思维类的活动项目感兴趣，但这些孩子是不是一定先天比其他人更聪明一些？未必。两者之间没有必然的联系。答案还是要从棋类活动的性质特点来考量。

着迷于下棋的孩子，大多具备这些明显的特点——爱思考，能沉下心来踏踏实实琢磨问题。久而久之，小棋手就养成了思考的习惯和缜密的逻辑推理能力，这样的能力恰好符合学校课堂学习的需要。

因此，当青少年特别是低龄儿童将通过下棋形成的思考能力用到学校课业学习方面时，就会形成课业学习的潜在优势。于是，棋下得好的学生大概率成绩也会好，这样的情况发生多了，难免给外界留下印象——下棋的孩子更聪明。

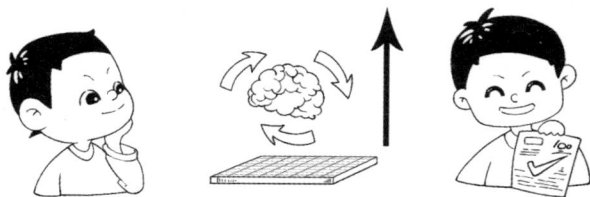

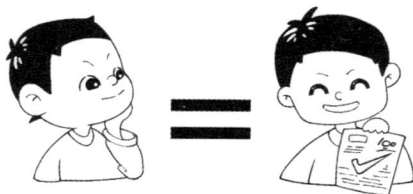

这其中的逻辑简要地解释，即，不是下棋的孩子先天更聪明，而是下棋过程中的思维训练帮助他们养成了思考的习惯，这种习惯能让他在学习方面受益。

下棋能培养孩子的专注力吗?

　　我的孩子刚上小学一年级,听班主任说,他上课总爱一会儿看看窗外,一会儿会弄弄书包,实在坐不住了,还会在课本上乱画乱涂。老师耐心提醒了好几次,他也只能勉强安静十几分钟。我想了很多办法,还是没有从根本上解决问题。

　　是我的孩子比别的孩子淘气,还是脑子比别的孩子笨呢? 有人建议我让孩子学棋,这真的能培养孩子的专注力吗?

冠军妈妈来支招

　　下棋是一种智力活动,无论小孩子选择学哪一种棋,下棋对孩子的成长都会起到积极的作用。

《孟子》中记载了春秋战国时期的一则故事。奕秋是一名棋坛高手，他有两个徒弟，在奕秋传授棋艺的时候，一个徒弟总是能够认真听讲，专心练习下棋；而另一个则是三心二意，甚至心里还时刻在想着用箭射雁。可想而知，专心学习的徒弟成了著名的棋手，而另一个毫无所获。

这个故事说明了专心的重要性，当我们将注意力集中在某项特定的任务中时，不知不觉间就改变了三心二意的毛病。

下棋对孩子而言是一种专注力训练。如果把棋盘比作战场，那么棋局就好比是一场不流血的战争，双方棋手在思想、技术、体力和意志上进行较量。俗话说，一招不慎，满盘全输，当孩子养成认真思考每一步棋的好习惯时，在学习中马虎和偷懒的习惯自然会得以改变。

下棋就能拥有超级记忆吗？

　　我看过一个美国媒体关于棋手记忆力实验的现场跟踪报道。实验一，随机抽取棋谱，将棋子摆放在棋盘上，请国际象棋大师和不会下国际象棋的人参加测试，与不会下国际象棋的人相比，国际象棋大师仅需要很少的时间便可以牢记棋盘上棋子的位置，准确将其复原。实验二，将棋子完全随机摆放在棋盘上，不考虑棋子摆放的位置是否符合规则要求，这种情况下，国际象棋大师与不会下棋的人表现出的水平相差无几。

　　为什么从棋谱中抽取棋局时，国际象棋大师记忆那么准确，而面对无序的局面时就显示不出优势来了呢？都说下棋能够锻炼人的记忆力，其中的奥妙是什么呢？

很多人惊讶于棋手在 64 格棋盘上表现出的超强记忆力，似乎过目不忘是优秀棋手天生的一种基本素质。其实，记忆力并非是所有棋手一定具备的强项，就像前面提及的棋局记忆力的实验结果：大师级棋手只有面对符合逻辑的棋局局面，才能表现出超强的记忆水平。

科学实验道出了所谓高水平棋手记忆力水平也高的真相——这些棋手记住的是符合逻辑走棋次序形成的局面。

换句话说，大师级棋手留在脑海里的是动态棋谱，而不是静态的棋局画面，大师级棋手看到某个棋局局面的时候，通常能够倒推出形成这个局面的行棋过程。高水平棋手类似的"记忆表演"和"未卜先知"的能力往往令不会下棋的朋友叹为观止，岂不知这对于达到一定水准的棋手来讲，不过是手到擒来的技能，与记忆力水平的关系不是很大。

高水平棋手对棋谱的理解和记忆是与生俱来的吗？答案当然是否定的。天下哪有什么成功是随随便便就可以实现的，想要成为下棋高手，也要付出足够的心血。虽然个别青少年棋手具有非常好的棋感和才华，但假如他们缺少了具有针对性的系统科学训练，跻身一流高手行列的愿望就无从谈起。

你的孩子喜欢下棋吗？

　　从女儿上幼儿园大班起，我就清楚地认识到孩子的兴趣很难聚焦在棋类方面。好在一些纯属娱乐的纸牌游戏也是非常适合孩子参与的，于是我又开始在打牌这件事情上积极鼓动小丫头参与。

　　"丫头打牌吗？五局三胜决胜负！"空闲的时候，我经常半倚在沙发上向她邀战。"不玩！我赢不了！"每次，女儿都好脾气地冲我笑笑，然后继续自己手中的事情。

　　让她喜欢下棋，怎么就这么难呢？

孩子的教育是一个家庭当中最重要的事情。几乎所有的工作都有一个岗前培训的环节，偏偏在为人父母这件事情上，我们只能靠实践中的摸索来体会其中的门道。

我很多时候会发自内心地庆幸自己在大学里先后选择了心理学和教育学专业，教育学、心理学知识的引航作用对于一名新手妈妈真是太重要了！

如果家长对教育的基本规律有所了解，在问题发生时就会明白个体之间的差异性，而差异性在孩子身上最直接的体现就是兴趣方向的不同。

兴趣，是孩子参加活动的动机，也会对活动的效果起到重要影响。最为关键的是，孩子的兴趣不会受到家长意愿的太大影响，教育者只能采取因势利导、顺势而为的方法，才能帮助孩子在他们的特长中得到长足的发展。

以我自己为例，经过了很多次的试探和观察之后，我发现女儿对扑克牌游戏没有多少"兴奋细胞"。试了好几次，女儿的表现都是可以凑热闹，但很少主动参与。换句话说，棋牌活动吸引不了她。

遇到了我这么一个世界冠军级的妈妈，不知是她棋艺道路的福气还是阻力：随时随刻就能得到大师级棋手的指点，应该算得上是女儿学棋得天独厚的优势；但是另一方面，我在棋艺领域的造诣也给孩子继续学习、不断提高棋艺带来了压力。女儿五岁时说："我再努力也赢不了妈妈，何苦还要费那个力气呢？"也难怪孩子说泄气话，虽说孩子年龄小，但好胜的她心里明白，世界冠军的头衔意味着所有人当中的最高水平，哪能随便输给她一个小孩子呢。

跟妈妈下棋却体会不到胜利的喜悦，这件事情当然就没有那么好玩了。

孩子的成长和发展，最重要的是遵循他们自己的兴趣，既然女儿对下棋心存抵触，那就让她在其他方向发展兴趣吧。

读书时，导师但凡论及教育理论，反复强调的就是这么一句话——没有爱就没有教育，没有兴趣就没有学习。在养育孩子的过程中，我才真切地感受到这条教育原则的重要性。兴趣是学习的强大动力！特别是孩子，凡事只要他们自己感兴趣，便会积极主动地参与其中。否则，不过是对付一番，讨大人的欢心罢了。

不过，虽说女儿没有在棋艺道路上继续发展，达到更高的水准，但早期的棋牌游戏活动还是增长了孩子的眼界，同时在孩子的记忆力、想象力和认知能力方面产生了微妙的积极作用。

不过，时至今日，我还是不甘心自己的孩子就这样与棋牌活动无缘，于是自己总时不时地琢磨着如何让小丫头对棋牌活动产生兴趣。我相信，棋牌不仅是丰富业余生活的一种健康的游戏，还会对一个人的思考习惯养成起到积极作用。

棋牌项目既然有这么多优点，我这当妈的哪能不把自己的"超强"特长传给女儿？可是，孩子自己的兴趣与我的特长并不吻合，家长能做的事情也只有尽力而为了，顺其自然吧。

自学还是报班？

我的孩子是一个 5 岁的小男孩，他从小就非常淘气，喜欢摆弄各种玩具。当我买回一套国际象棋后，他对下棋很感兴趣。于是我开始趁业余时间给他讲解国际象棋的各种规则和走法，孩子每次都听得津津有味的，不久之后，当小家伙总缠着我下棋时，时间矛盾就显露出来了，而且我没有专业学过国际象棋，教孩子显然力不从心了。

于是，我与妻子商量，打算送儿子去正规的培训班学习，但她觉得孩子下棋只能当作业余爱好，平时让孩子跟着电脑练练就行了，没有必要浪费太多时间去系统学习。我们该如何选择呢？

　　我的身边有一些孩子接触了棋之后，便像着了魔一般，天天都要下上几盘，弄得家里的大人不知道接下去应该怎么办。

　　其实，如果家中真的有这样一个孩子，家长不仅用不着担心，反而应该高兴才对，这至少说明下棋正是他的兴趣所在。

　　教育学中有这样一句非常经典的名言："没有兴趣就没有学习。"在孩子兴趣所在的领域中，他未来能达到多高的水平，有无限的可能。

　　不可否认，随着电子信息技术的不断更新换代，棋艺训练的手段也在发生着巨大的变革，互联网已经在很大程度上担负起专业棋手训练助手的作用。同时，能够实现棋艺教学和对弈的平台也已经打造得比较成熟，通过网络，棋手们可以及时获取信息，交换见解。

　　尽管专业棋手已经能够借助网络进行训练，但对于刚学棋的儿童，网络训练和对局的频率还是要适可而止。换句话说，还是要以常规的传统训练模式为主，不建议孩子把网络对弈当成常规的训练手段。

　　通常，网络训练的弊端主要体现在以下几点。第一，网络上的棋局表现形式与真实生活中的环境不一样：在电脑上可以及时看到辅助性的思考建议，这对孩子来说，一旦形成依赖心理，到真实比赛时，就会出现对弈状态不稳定的情况。第二，网络是一

个虚拟的环境，什么样的对手都可能遇到，难以进行具有针对性的对抗训练，时间长了，会让孩子的竞争意识减弱，游戏心态反而增强。第三，孩子的年龄小，不适于长时间久坐面对荧光屏，这对视力及身体发育都可能产生消极的作用。

电脑也好，人脑也罢，对小棋手而言，最重要的是通过参加棋类活动领悟到了什么道理，学会了什么本领，对不对？因此，我们还是应该把对问题的关注点放在能力提高方面。

孩子在提高棋艺水平的过程中，非常需要个性化的训练计划，而这个计划是需要教练用时间去观察孩子才能设计出来的。因此，如果希望孩子能获得相对专业的棋艺知识，提升相应的素质，还是建议进行正规的棋艺训练，这样才能达到训练方案和内容的最佳组合，充分挖掘孩子的棋艺潜能。

孩子适合学哪种棋？

这学期幼儿园的家长会上，老师说幼儿园的兴趣班增加了国际象棋、围棋、象棋和五子棋。对于孩子参加棋类兴趣班，我们家长当然是举双手赞成的，但是，应该同时选择好几种棋，还是只从中挑选一种呢？另外，那么多棋种，到底应该让孩子学哪个呢？

冠军妈妈来支招

　　为幼儿园的小朋友选择兴趣班看起来是件很不起眼的"小"事，但现实生活中，孩子的事情无论大小，在家庭生活中都是"大"事。特别是在兴趣活动的选择方面，孩子一旦产生浓厚兴趣，家长就要做好打"持久战"的准备，人力、物力和时间投入都不是个小工程。

如果你萌生了让孩子参加棋类项目兴趣班的想法，首先要考虑的是选哪一种棋。通常，男性家长会从项目的普及度和影响力上来考虑，女性家长会从哪个容易上手、兴趣班老师水平如何等因素上细致思考。因为双方考虑的出发点不一样，所以很难形成统一的标准来评价对错。

对于这样的问题，不少家长都想当然地认为：最好能够都学！但显然操作起来时间不允许。还有家长这样想：要不然先学国际象棋和围棋，一个国际上流行，一个是中国传统文化，但是这两种棋的规则和下法差异太大，孩子一下子学习两种棋好像有点吃力；要不然先从最容易上手的五子棋学起吧，但是五子棋的赛事活动相对较少，孩子锻炼的机会就会少很多……

家长有太多的疑惑，到底应该让孩子选哪种棋呢？

其实，无论是哪一种棋，都能起到促进智力开发和锻炼思考能力的作用，因此家长无须纠结到底孩子更应该学哪一种棋。

比较好的方式是找到相应的棋具，放在孩子面前，让他们自己选择。此外，还有一些其他因素也可以考虑其中，例如，若想便于未来国际交流，可优先选择国际象棋；倾向传承国粹精华，则选围棋或象棋；希望快速上手，可以试试国际跳棋或者五子棋等。

孩子可以选择的棋类很多，除了前面提到的几种经常举办正式比赛的棋种之外，那些看似很容易学会的棋也是易懂难精。只要孩子喜欢空闲时下上几盘，就能锻炼逻辑思维。

拿五子棋来说，只要一方能够把五个棋子连成一条线便能取胜的规则看起来简单，也不存在什么吃子和多种棋子规则的限制，只要五分钟就能学会。五子棋简单到两三岁的小孩都会下，快的两三分钟就可以下完一盘。但五子棋真那么简单吗？当你真正沉浸在棋局当中，你会发现棋局内在的博大精深，想取胜同样需要运筹帷幄。

无论哪种棋，大都是易学难精，学好并非易事。

同样，对于跳棋、军棋等棋种，以及看起来运气成分较大的飞行棋，要想成为高手，都不是件容易的事情。因此，无论孩子喜欢哪一种棋，大人都应该积极鼓励，只要他们在认真思考取胜之道，对他们的心智启迪都会产生积极作用。

再者，下棋对参与者来说不仅仅是一种娱乐活动，更是一部"无字兵书"，对孩子的性格形成有益磨炼。常言道，人生如棋，下棋的原则和处理方法在生活中同样具有启发意义。

　　孩子学哪种棋都会有收获，孩子学下棋什么时候都不晚。不过，如果家长希望孩子有机会成为职业选手，最好在孩子上学前就让孩子接触棋类。并且，在棋种的选择方面，初期可以进行多种尝试（最好不要齐头并进），选孩子最喜欢、最擅长的一种棋进行系统学习和训练。

女孩适不适合学棋?

　　我发现,棋艺培训班里通常男孩子比女孩子多得多,在比赛中也是这样。我不明白,其他需要体力比拼的运动项目男性多也就罢了,为什么棋类这样的智力运动,女性参与的也比男性少呢?在这样的大环境下,该不该送女儿去学棋呢?

冠军妈妈来支招

　　街头巷尾下棋的人大多是男性,学校棋类兴趣班、青少年棋类比赛活动现场见到的也大多是男孩子,难道下棋这件事更适合男性?作为一名由棋子棋盘陪伴着成长的女性,我对男性在棋类项目中占据绝对人数优势的现状颇有不解。

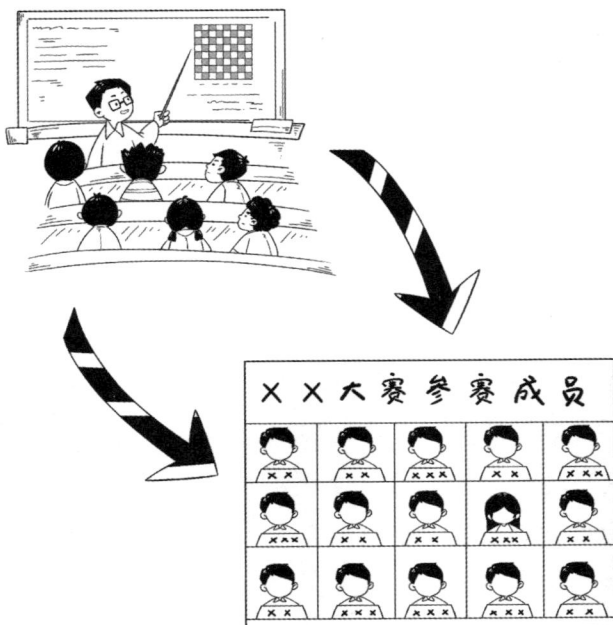

　　下棋是很有意思的一项智力活动，如果说，单纯从体能角度讲，男性还占有一定的先天优势，在智力方面，男性与女性之间只存在思维模式和特点的不同，好像还没有哪项科学研究能证明男性存在智力方面的优势。

　　下棋是一项智力运动项目，能够对人的大脑产生积极的刺激作用，提高人的逻辑思维水平。棋局面前不分性别，因此无论对男孩还是女孩，下棋都是一项有意义的活动。

　　在这里和大家分享一篇自己几年前写的小文，期待着更多的女孩参与到棋类活动当中。

下棋的女人

一谈到下棋，人们总是很自然地把这个项目归属到男人的游戏。一点都不奇怪，棋下得好的大多是男人，棋下得不好、棋瘾却很大的绝大多数还是男人。

身为女人，我从小就喜欢下棋，然后棋手成了我的职业。运气好的时候，人家会说下棋的女人冰雪聪明、有毅力、端庄沉稳，都是诸如此类的赞美之词；运气差的时候，人家就会说下棋的女人性格孤僻、精于算计，挺明白的人干什么职业不好，下什么棋呀！

偏偏，我端定了下棋这碗饭，而且这条路越走越有滋味。

其实，女人下棋有很多优势。首先，下棋是一项锻炼大脑的运动。众所周知，脑子越用越灵。

其次，女人下棋能够比男人收获更多快乐。

初学下棋的时候，能够耍"赖皮"是下棋最大的乐趣。那时候下棋的女孩子少，因此我在训练班上总会享受到开小灶的待遇。长大了，下棋从游戏变成了竞技，不过很快我又发现了做一名女棋手的快乐源泉——女棋手比男棋手更超脱。棋下到了一定的水平，一盘棋的对弈双方不仅看重结果，更看重过程，而下棋的过程却是任何人都无法保证不犯错误的。据我观察，男棋手犯错误之后，他的痛苦比女棋手更持久，受到的打击也更大。

再有，会下棋的女人会令旁人很有神秘感。小时候看那些女国手，内心深处羡慕得不得了，觉得她们简直把聪明、美丽、风度都占尽了。想象一下，女人到了高手境界该是什么模样？棋盘边上，她可以像电影明星嘉宝一样玉指纤纤，可以像撒切尔夫人那样以铁腕困住对手，可以像怯怯的小女生一样招人爱怜……让旁人想象去吧，反正女棋手的世界神秘而又平凡。

生了个聪明的女儿，合适的时候我一定会教她下棋。长大了，做一个会下棋的女人，挺好。

如何看待棋类特长生？

在素质教育越来越受重视、被推崇的时代，棋艺特长能为很多学生带来额外"福利"，比如，升学。当前，不少优质中学对棋类特长生情有独钟，借助棋艺特长获得更好的升学机会成为众多家长心心念念的事情，到底应该怎么看待这个问题呢？如果实现这个目标需要投入更多的时间和精力，该怎样进行决策呢？

冠军妈妈来支招

首先需要强调的是，家长不要把加分当成是否让孩子学棋的衡量砝码。因为孩子参加棋类活动，最大的收益是拓展兴趣、开发智力、陶冶情操，下棋这一健康爱好将会令人终身受益。

　　个别棋类教学培训点的招生广告中经常把某某学员以棋类特长生的身份通过名校考试的消息用来招揽学生。中学阶段的入学政策方面，不同地区和城市教育管理部门执行的标准大多从本地区的特点和需求考虑，略有不同。

　　通常，优质教育资源校对体育特长生都采取积极态度，不用担心这些体育特长生能否从中学毕业升入大学的问题，国家在政策方面也都给予了积极鼓励的政策。以棋类项目为例，目前我国有近100所大学具有通过单招考试招收棋类特长生的资格，这样的招生渠道对特长生而言无异于多了一条通向大学的路。

　　不可否认，在竞争激烈的中考、高考，甚至小升初过程中，学生如果能够得到特长加分，这完全可以视为进入优质学校的助推器。

　　但其实，家长大可不用把眼睛紧盯在孩子成为特长生后的那几分上，那只会无端增加"心病"。下棋的孩子大多学习成绩不错，智力水平上佳，考试优惠的那几分无异于锦上添花，并不是雪中送炭那么紧迫。

　　退一步讲，如果孩子真差那几分的话，假如平时让孩子把学棋的时间拿出来用于学校课业，他的考试分数也早就提高到标准线上了。何苦要费尽心力地从棋盘上找这区区几分的优惠政策呢？

　　毕竟，棋类比赛属于体育竞技，要想取得优异的成绩，必须淘汰他人。也就是说，尽管大家都很努力，也可能大家都很优秀，但不可能人人都通关。

体育项目的这一点特质，与其他学科存在本质性的差别。因此，家长千万不要急功近利，不要被一些看起来很诱惑人的目标所迷惑，让孩子选错了努力方向，那样难免会得不偿失。

在一个要求比赛成绩的高淘汰率项目中，拥有一颗平常心是棋手最宝贵的品质。把比赛结果看得淡一些有益无害，对于优异的比赛成绩到底能带来什么"好处"的问题，家长还是少想一些为好。

特别是在看招生简章，犹豫是否给孩子报名参加棋艺活动的时候，千万不要把成为棋类特长生当成首要目标。换句话说，即便将来孩子下棋比赛成绩好，成为一名棋类特长生，也算不得什么"收获"——孩子学棋是为了下棋，是为了开发智力，修身养性，成为特长生不过是"副产品"而已。

第二章

学棋第一课

如何找对教练？

　　看到其他孩子参加棋艺兴趣班，我也想给孩子报名。但是，应该送孩子到哪里学棋呢？幼儿园的兴趣班是以普及和游戏的方式开展的，显然不能满足后续的需求。经过网上搜索，我看到有不少取得优异成绩的小棋手都来自一个位于城北的俱乐部，于是赶紧实地考察了一番。这次实地考察令我产生了困惑，因为那个俱乐部的明星教练员仅为高水平的小棋手授课，而普及班的教练则名不见经传。

　　应该给孩子在哪里报名学棋呢？怎么选到满意的教练呢？

孩子在成长过程中遇到一个好老师是一种福气，在学棋过程中遇到一名称职的好教练当然也是一种福气。

在孩子学棋选教练的问题上，不少家长判断教练水平高低的依据就是教练在赛场上的成绩，或者教练在当地的名气。把成绩和名气作为选择标准当然有些道理，特别是在孩子棋艺水平已经达到可以向更高水平冲锋的程度之时，棋艺技术上的需求也随之提高。不同水平的教练擅长教授的课程内容不一样，有的在教学方法上颇具心得，有的在组织学员活动上很有经

验，还有的棋艺水平高，具有专业背景。

通常，拥有专业棋手经历的教练的特点是实战水平高、技术能力强，授课经验和教学训练相对单薄一些，但孩子最初学棋时的棋艺知识水准相当于"幼儿园或者小学"水平，需要的是悉心教学而不是"大学教授"级的授课。所以，从实际教学效果出发，具有专业棋手经历而非教育科班出身的教练可能更适合教授提高阶段的学员。

入门启蒙阶段的教学需要从专业教学的规范性和趣味性方面来考量，教练的棋艺水平高低不是最重要的，这时挑选教练，最重要的是教学经验和引导学生学习兴趣的能力。

不得不提一句，一些望子成龙的家长会忽视孩子的棋品棋德教育，个别教练也做得很不称职。例如，有些教练在教学过程中，一味注重教授一些偏门左道的"陷阱骗招"，这样的教学方法并不利于孩子形成正确的棋感，只会让他们习惯于侥幸思维模式，总在期待着对手"中套"。

在一些城市下指导棋的过程中，我曾经遇到过个别小棋手有下棋"不规矩"的行为。不规矩的下棋行为包括趁人不注意多走棋、把对手的棋子偷偷拿走、走棋之后悔棋等。由于指导棋是同时指导几十名小选手的车轮战，"犯事儿"的小孩子可能以为指导者不会记住每一盘棋的具体情况，于是耍起了小聪明……这样的现象不能不引人深思。

如果小棋手只是一时迷糊淘气，偶尔犯错没关系，但如果这些小棋手的不规矩行为是教练故意传授的歪门邪道，家长朋友们可就不能掉以轻心了。

棋品方面的教育会直接影响小棋手的一生，做人，品德最重要。同样，除了关注棋艺知识教学方面的能力，家长还应该注意观察教练的言行举止，这些微小的细节会在耳濡目染中影响孩子。

竞技体育体现的是公平竞争，选手品德操守的塑造是重中之重，必须要给予高度重视。无论孩子学习哪种才艺，挑选一个合适的教练都是件大事。在孩子学棋的过程中，家长要学会积极与教练沟通，配合教练的教学工作，也要擦亮眼睛判断教练是否称职。

万一遇到不称职的教练，一定要学会说"不"，然后坚决地转身离开！

学棋该不该死记硬背？

小佳参加围棋培训班一年多了，教练在课堂上经常教孩子一些定式。学棋过程中，小佳从 3 ~ 5 手的简单定式，到十几手的复杂定式都背得很用心。

她爸爸看到孩子这么认真，记住了这么多定式，高兴极了，但教练却有点担心孩子死记硬背的学习方式会影响以后的进步，甚至对孩子能否将定式灵活应用在实战对局当中都不抱乐观态度。为什么教练会这么想呢？

　　下棋训练不仅教授孩子棋艺知识，重点还在于培养孩子独立思考的能力。因此，假如孩子在学棋过程中对基础知识和定式采取死记硬背的方式，就难以达到真正掌握知识要点的目标。

　　这也是为什么有些棋手在对局时水平发挥很不稳定——遇到与平时所学知识完全吻合的局面时，处理得非常好，而面对需要临场加工知识要素、进行判断的局面时，就找不到明确的方向和思路。

当前的教育技术、教学理念、教学手段虽然不断升级，但孩子的理解能力毕竟与成年人不一样，孩子倾向于从直接的实践活动中总结经验，而不会像成年人那样进行理性的归纳总结。因此，假如我们只是生硬地告诉小棋手在某一棋局中应该走这步棋而不是另外一步棋，孩子自己是无法理解其中的道理的，更别提消化新知识了。

因此，教给孩子更多具有规律性的知识的同时，也要特别注意鼓励孩子保持独立思考的习惯，这样，他们才能在临场千变万化的棋局中应对自如。

学绝招还是练基础？

作为家长，虽然心里明白让孩子参加比赛最重要的是得到锻炼，但还是免不了把比赛成绩当成评价学习效果的重要标准。于是，我们经常和教练说，"教孩子几个绝招，最好是比赛中特别容易赢棋的那种"。

学绝招相对于练基础而言，真的是捷径吗？

冠军妈妈来支招

学棋有很多阶段，打基础远远不是认识棋局那么简单。

在孩子棋艺训练的过程中，确实存在一些专业性很强的问题需要重点关注。关于应该怎样正确看待青少年棋手打牢基础的环节，一些只注重眼前利益的短视行为最初在孩子对局实战和比赛中还能占得一些"便宜"，但如果一直不加以注意和纠正，从长远来看，将会从根本上影响孩子在棋艺上的发展。

专业性很强的问题当然是与棋艺训练内容直接相关。多数时候，孩子身上反映出的走棋犹豫不决、胜负感不强、"欺软怕硬"、喜欢找弱手对局等问题很容易就会进入家长的视线。但是，孩子身上的一些隐性的问题不那么容易被发现，例如棋艺基本功。

通常，大多数家长对孩子具体的棋艺训练内容并不了解，教练怎样安排就怎样做，等到孩子的棋艺水平发展到一定阶段，可能会突然遇到瓶颈。这时找专家询问，才知道是孩子的基础打得不牢，从而影响了孩子对棋最根本、最直接的概念理解。

造成孩子没有打牢棋艺基础的原因多样，其中很重要的原因是负责棋艺教学的教练希望快速看到孩子的进步，于是在教学过程中专挑那些在实战中能够起作用的部分讲授，而没把力气用在棋艺基础上。如此一来，孩子可能在最初学棋的阶段上手快，在比赛对局中运用一些小技巧、小骗招之类，达到了良好的效果，家长在短时间内看到孩子的进步，满心欢喜。

如果这些学棋的孩子只是满足于学会下棋，能够独立与他人对局的话，基本功不扎实的问题不会反映出来。但是，对于那些将下棋视为一项终身爱好，并且希望水平不断提高，如有可能，将来做一名职业棋手的孩子，基本功不扎实的问题就会变成他们棋艺水平关键爬坡阶段的"拦路虎"。

下棋需要夯实基本功的道理与工程建筑相似，修建低矮的平房时，不用过多考虑地基的问题，但是造高楼大厦时，打地基就成为工程的核心环节。同理，棋手如果基本功不扎实，在提高水平和比赛对抗的过程中就极容易出现底气不足，面对棋盘思考时失去方向感的问题。

当今有不少水平不错的一线棋手，达到一定水平之后，比赛成绩徘徊不前，问题的关键就是基础不牢，这就充分暴露了早期学棋时急功近利的错误训练方法。

如何做好开局训练？

> 无论是哪种棋，在棋局没开始的阶段，双方都是势均力敌的状态，但是没走几步就能分出优势和劣势了。棋局最初阶段的战斗，对全局发展的影响重大，需要踏踏实实下功夫才行。那么，如何做好开局训练呢？

冠军妈妈来支招

学棋哪个阶段的知识最容易进行模块化学习？答案：开局。

哪个阶段的棋局发展对全局影响最大？答案：开局。

哪个阶段的知识需要时时更新，掌握最新变化？答案：开局。

哪个阶段的知识最容易混淆、难以把握到位？答案：开局。

开局，是青少年棋手训练过程中最容易获取到新知识，同时又是最难领悟真学问的一环。

为什么会这样评价对于开局的学习和训练呢？以国际象棋为例，都说获取开局新知识容易，因为现代国际象棋规则定型的数百年间，经过不同时代的棋手在开局变化中的不断创新尝试、总结归纳，现今的国际象棋开局体系可以称得上非常健全。再加上有了互联网和计算机的辅助训练，如今甭管棋手搜索什么开局变化，只要在棋局数据库里输入关键词，众多棋局便会呈现出来。

但是，开局的信息被分门别类地呈现出来，不等于棋手能领会其中的要领。接下来，才是真正进入学习阶段。

首先，棋手要做的是对这些已经进行过粗加工的棋局进行再次鉴别，将有借鉴意义的棋局挑选出来。然后，再进行反复解拆实践，将开局知识消化吸收。如此，就某个开局变化的学习才称得上告一段落，棋手才能够在实战中从容应用。如果缺少思考和实践的环节，仅仅依靠模仿高手和别人开局的套路，难以领会到开局的真学问。

当然，正如人们常说"一千个读者心中有一千个哈姆雷特"，即便是面对同样版本的开局套路，棋手因为各自水平和棋风的不同，实际掌握时领会到的要点也不尽相同。领会开局要领并不容易，在海量的信息面前，棋手想要保持清醒的头

脑，深入分析判断，就必须具备很强的鉴别能力，否则任凭你怎样模仿高手的对局思路，也只能做到"照猫画虎"。

此外，不要担心尝试新开局时自己的错误率较高甚至犯下低级错误，棋手要记住的是及时进行深入总结，以便形成客观、准确的理解和判断。

换一种更直观的方式来描述开局训练的效果：

模仿 = 邯郸学步

模仿 + 理解 = 跟上开局发展变化

模仿 + 理解 + 改善 = 自己的开局武器库

学习——实战——分析总结——实战——学习，这样周而复始的闭环学习过程，才能帮助棋手巩固开局知识，真正意义上掌握新的开局知识。

为什么要复盘?

在电视上看到,专业棋手比赛完通常会和对手一起探讨、复盘棋局。在孩子刚学棋时,我们为小家伙能够做到准确无误地复盘而兴奋不已,孩子本人也因为掌握了这项新技能感到很自信。但是,复盘这项技能到底与孩子棋艺水平的提高有什么直接关系呢?

冠军妈妈来支招

复盘是一种非常有效的训练方法。

在对局的过程中,棋手的每一步棋都充分反映了他对不同棋局形势的理解。而我们通常所说的复盘和棋局解拆,就是把整个棋局过程重新复述一遍,对双方棋手在对局过程中的思路和想法进行深入分析，这是一个肯定棋手正确思路、去除错误想法的过程。

训练不是简单的一盘接着一盘对局，那样即便下得再多也无异于重复劳动。青少年棋手要学会复盘，特别是分析自己的棋局，从自己的棋局表现中发现需要完善之处，再不断精雕细琢。

很多小棋手尽管自己的棋力水平并不是很高，但在对局后的复盘过程中却能把自己走出的招法一一摆出来，中间不出现一点儿差错。这种能力非常了不起，通常孩子如果能够做到这一点，即便暂时棋艺水平不高，在较短的时间内也能够很快提高。

为什么如此看重小棋手的复盘过程呢？因为这个环节最能考验孩子下棋是不是认真思考，是不是有了想法之后再去走棋，是不是认真反思自己的对局。通过了考验，孩子便具备了棋艺水平继续提高的基础。

也有一些孩子，原本棋艺水平已经很不错了，但是下棋的过程更像是嘻嘻哈哈玩游戏，让他们复述自己的对局时漏洞百出，经常想不起来棋局是怎样发展的。对于这样的孩子，即便棋艺暂时已经达到了较高的水准，但从长远的角度，并不看好他们的发展。究其原因，便是下棋态度缺少"认真"二字。

同样，相较于开始一局新的对局较量，复盘需要小棋手收起玩耍的心态，以一种较劲儿的态度来认真对待。这看起来缺少些许乐趣，但是类似对局后复盘这样的系统训练不仅是棋艺水平提高的需要，更是对人性的一种磨炼。

曾子曰："吾日三省吾身：为人谋而不忠乎？与朋友交而不信乎？传不习乎？"养成对局后复盘分析的好习惯，是合格棋手的一项基本功。

对局越多越好吗？

　　"不能光靠课堂学，还要多下多练！"这句话我对孩子讲得最多。"纸上得来终觉浅，绝知此事要躬行"的道理我们都懂，但在实际操作时，很难把握好尺度。我的孩子特别喜欢下棋，但是大量的实战练习似乎并没有直接促成她棋艺的飞速进步，久而久之孩子反而有些不耐烦。

　　训练时的对局量安排多少合适？应该如何科学地把握实战对局量呢？

冠军妈妈来支招

孩子学棋进入提高阶段，很多家长都会向教练提出加大训练量，特别是增加对局量的要求，仿佛这样就能让孩子的棋艺水平提升得快一点。

向教练提出建议要求无可非议，不少家长还会想方设法通过其他渠道帮孩子联系棋局对手，总以为对局多多益善，这就有点跑偏了。

有些家长同时给自家孩子报名参加了不止一个训练班，并且因为不同训练班所属的培训机构不同，担心教练知道会不高兴，便只做不说。家长以为让孩子多学多练就能取得良好的效果：最初阶段似乎孩子进步比较快，但之后孩子就反映在不同培训班重复学习相同知识点的情况。于是，家长改变策略，让孩子在网上多下棋，增加实战演练。但是，这样的安排并没有与教练事先沟通，所以在训练计划的执行方面还会出现矛盾。

有针对性的训练和对局真的太重要了！特别是对于提高阶段的小棋手来说，适当增添一点难度，让棋手多经历一点困难的体验也是非常必要的。必要的时候，还可以设置一些类似噪声的干扰环境，目的在于通过不同类型的考验，增强小棋手的综合应对能力。

为什么要给孩子的对局增添一点额外的分量，而不是让小

家伙集中精力去思考棋局呢？因为，当孩子的棋艺水平提高到一定层次的时候，通过竞赛来衡量他们的棋艺水准便成了对小棋手们的一项重要考核。不要以为孩子年龄小，心里便不会装太多的事情。孩子们的脑袋瓜里一样有他们的"小九九"。并且，大多数孩子会把比赛成绩的好坏直接与他们所能想得到的方方面面联系在一起。

因此，棋手训练的对局量并非多多益善，而是下棋的内容要有针对性，对局后要及时分析总结，因此我们说对局的质比量要重要。

如何掌握棋理？

我们都知道，孩子如果在学棋的过程中只是教条地理解书上的知识点和定式，就成了纸上谈兵。懂棋理，说起来容易，正确应用在棋局当中很难。但是，棋理听起来那么抽象，孩子怎么才能掌握呢？

冠军妈妈来支招

学会下棋只需要不长的时间，但把这门学问搞清弄透，却是多少人梦寐以求却难以实现的事情。

下棋不是对弈者简单地将棋子摆放到某个位置便可以实现目标，而是一场贯穿全局的较量。要想成为一名优秀的棋手，如果不把棋理这个纲领想清楚，不管下多少盘棋，棋力水平基本不会提升。

　　不少小棋手的家长自己是棋迷，并且棋瘾还不小，经常在线下线上邀朋友下棋。不过，虽然在下棋这个爱好上投入了不少时间，但由于缺少系统的学习和训练，棋艺平平。

　　家里有了这样一位"资深"棋迷，对孩子来说，好处是多了一位支持下棋活动的知音，不利的地方则是将下棋过于游戏化，缺少从棋理方面的深层次指导。准确地讲，是缺乏将棋局大局观的理论引导与实践对局的结合。此外，家里的这位"专家"很可能会给出错误的指导，容易将孩子对棋的理解引偏。

　　我用起源于我国的象棋和围棋来进一步说明棋理的重要性。按理说，围棋和象棋的规则及走法完全不同，真可谓是南辕北辙，但是崇尚的棋理却是相同的。南宋晚期的《事林广记》中收录了围棋十诀的内容，下面的十诀就是下棋需要遵循

的棋理哟！

① 不得贪胜

② 入界宜缓

③ 攻彼顾我

④ 弃子争先

⑤ 舍小就大

⑥ 逢危须弃

⑦ 慎勿轻速

⑧ 动须相应

⑨ 彼强自保

⑩ 势孤取和

直到今日，这十条口诀仍然是众多棋手追寻的不二法宝。

这，就是棋理。将棋理正确应用于棋局的水平，就是棋手的棋力。

如何成为高手？

象棋在我国有着深厚的群众基础，可谓是人人都知道，几乎谁都能下上几手，甚至象棋顶尖业余高手的实力完全可以与专业选手抗衡。那么，所谓高手，到底强在哪里呢？是斗志更强，还是经验更丰富？是比赛机会更多，还是平常训练的时间更长？小棋手在训练学习的过程中，需要把握哪些要点才能成为真正的高手呢？

冠军妈妈来支招

俗话说，"下棋找高手，训练摆名局"。

看高手下出的棋局汲取养分，跟着冠军的思路琢磨，再来审视自己，便会看到差距。在完成了基础知识的学习、经验的积累和实践的考验后，棋手之间的水平差异就体现在对棋理的认识，或者说棋手的境界上。

比赛赛场经常会出现一种挺有趣的现象：当业余棋手与专业棋手比赛时，仅从棋手的肢体动作和面部表情，就大致可以判断出来谁是专业选手，谁是业余选手。真的有这么神奇吗？不信你去赛场上转一圈，或者把比赛的录像资料找出一段播放看看，很容易发现二者的不同。

这些可能就是专业选手与业余选手的差异所在。确切地讲，训练环境和要求不同，二者形成的习惯也不同。这样的差异还体现在冠军级选手与没有取得过太突出成绩的选手身上，前者更镇定，后者多少总是透露出些紧张或不服气。

"平常心是道"是围棋大师吴清源先生对棋手所需境界的简练归纳，仔细品味，颇有深意。

下棋就是两名对弈者之间对棋局理解能力的较量。除了局部的具体争斗之外，比的就是对棋艺内涵的认识，也就是棋手对棋局的理解境界。通过分析经典对局，我们会发现高手下棋遵循"棋理至上"的原则，不会纠缠于旁枝细节和局部得失。而很多业余棋手下棋时，思考不够深入严谨，常犯的错误就是局部纠缠而不是一切行动服从全局，结果总是被对手牵着鼻子走。这个道理也应用于生活当中：一定要把有限的时间和精力放在重点事情上，不能总是把目光和心思放在处理琐碎的事情上，否则很难达到既定的目标。

学习高手的棋局，多去观察高手的思维和处事的特点，多从棋理上思考，加强棋局细微之处的处理能力，对棋手水平的提高是大有帮助的。

要不要让孩子成为专业棋手？

我家孩子非常喜欢下棋，看到棋盘就迈不动腿了，非要坐下杀上几盘。听教练说，他学得很快，好好培养说不定可以成为专业棋手。

如今，孩子马上 5 年级了，课业压力逐渐增大。我的脑海里不断浮现出这样的问题：下一步怎么走？孩子到底应该把更多的时间精力放在读书上还是下棋上？他真的有成为专业棋手的潜力吗？

冠军妈妈来支招

喜欢下棋的孩子通常学习成绩优秀，且对校内的学习任务感受不到什么压力。如此一来，家长对孩子学业方面的期望值较高，总想着一条腿前行冲击冠军，再腾出一条腿高水平完成学业，可谓是两全其美。

愿望是美好的，但是当孩子的文化课学习和棋艺训练比赛产生时间冲突时，相应的困惑便浮现出来。于是，家长心中便产生了很多烦恼、困惑：让孩子放弃下棋吧，这么多年的训练眼看着有机会更上一层楼，有些舍不得；让孩子暂时放松一点学校功课吧，万一下棋没比出个名堂，还影响了未来的学业，那岂不是太不值了。

思来想去不得其解！

其实，关于孩子到底是应该把更多的时间精力放在读书上还是下棋上这样的选择题，没有标准答案。因为，每个孩子的天赋才能不一样，成长生活的环境不一样，兴趣爱好不一样，性格脾气更不相同，诸多因素以不同的形式集中在某一个独立的个体身上时，想要预判应该如何选择孩子的成长道路，是一项复杂棘手又两难的抉择。

在青少年棋手处于水平提高冲刺的阶段，无疑需要投入更多的时间和精力到棋艺训练比赛当中，要不怎么能称得上是冲刺阶段呢。随着孩子年龄的增长和学校学业难度的提升，青少年棋手想要在学业和棋艺训练两条战线上同时取得骄人成绩，必须付出超人的努力。

第三章

比赛那些事儿

如何看待成绩?

我家小孩儿好胜心强,即便嘴上没有说自己想当冠军,但是心里暗自瞄准了这个目标。我和爱人心照不宣,闭口不提对孩子比赛成绩的期望,但是在青少年比赛赛场的等候大厅里,我们看到、听到、感受到最多的就是对胜与负、不同成绩的评价。

是不是每个孩子都应该有个冠军梦?该如何看待孩子的成绩呢?

冠军妈妈来支招

不知道应该抱怨自己成长在一个相对信息不畅、缺少竞争的年代呢,还是应该庆幸当年学棋的大环境很单纯,让自己能够"糊里糊涂"地在棋手的人生道路上开心前行,还实现了很多棋手梦寐以求的目标——世界冠军。

不过，我想自己做棋手这些年最大的收获不是赢得了什么比赛和称号，更重要的是在不断拼搏挑战的过程中塑造出的一种奋斗精神，这让我明白，不论是当棋手还是从事其他职业，想达到冠军的水准，就需要那么一种发自骨子里的抗争和拼搏精神。

放眼看现在学棋的孩子，既有到专业培训机构学习的机会，还有专门负责车接车送的家长，学棋条件不可谓不好。如今，很多家长送孩子学棋时，问教练的第一句话就是："老师，您看看我的孩子今后有希望当冠军吗？"只要教练的答复是肯定的，那么家长做什么都毫无怨言，全身心地支持孩子学棋。

然而，冠军只有一个，夺取冠军谈何容易！

不过，虽说体育项目竞争的激烈程度令人觉得冠军目标很遥远，但并非是遥不可及。在追寻冠军梦的路上，家长最需要注意的一件事情就是摆正心态，在严格要求孩子的同时，不要忘了多鼓励孩子。

为什么鼓励这么重要呢？因为体育比赛与常规的其他科目竞赛不同，最终的胜利者只有一个，也就是说小棋手要经历很多次失利之后，在克服很多困难之后，才能继续朝着更高的目标前进。

当然，我们说鼓励孩子并非事事都要称赞孩子，而是要以孩子是否尽到自己最大努力为衡量标准。如果孩子的表现已经完全发挥出自己的最佳水平，那么无论结果如何，都值得表扬和肯定。

比如，一场比赛孩子遇到强手输了，只要能从输棋中找到自己的不足，无疑就达到了磨炼的效果。但是，如果孩子因为面对强手缩手缩脚、草草认输，那么家长就应该直接指出孩子的错误，并同他一起深入分析出错的原因。

自信是冠军选手重要的心理品质，外界的积极鼓励是孩子成长过程中最需要听到的声音。建议家长多采取赏识的态度对待孩子，让孩子从家长肯定的话语中感受到力量。

棋局胜负皆精彩。棋文化博大精深，棋中滋味和养分，弈者自知。

比赛还是度假？

　　作为家长，我们经常陪着孩子天南地北地参加比赛，有时也会一并考虑家庭旅行计划，在比赛后全家人会在比赛举办城市多停留几日旅游。但是听教练说，他并不提倡将比赛和旅游打包的方式。我们这样做莫非是错的？

冠军妈妈来支招

　　"先好好比赛，赛后我们在当地好好玩玩，作为你的奖励，好不好？"不少家长都认为，在比赛举办地比赛＋旅游，可谓是一举两得的好事。

　　换了新环境就容易兴奋的孩子与总想把下棋和家庭旅游两件事都兼顾的家长，这样状态的人员组合是最佳"配置"吗？

能达到思行合一的效果吗？

实际上，往往是家长和孩子在比赛刚开始的阶段还能以专心参赛为重，但比赛过不了几轮，家长和孩子的心思就更多地放在怎样安排旅行上了。

比赛是孩子平常训练的考核，不是全家放松去度假的附带品！当然，孩子比赛结束后，全家人痛快地旅游一番是两全其美的结果，但前提是要踏踏实实完成比赛。既然报名参加比赛，就要鼓励并要求孩子全力以赴参赛，在比赛期间，任何人、任何事都不该成为干扰孩子专注比赛的因素。

要知道，不管比赛的级别高低，不管孩子本人的棋艺水平如何，不管孩子最终能不能取得理想成绩，只要参加比赛，就应该按运动员的标准来要求他。

全力以赴参加比赛的行为本身对孩子就是一种态度的训练。专注认真、积极投入，抑或情绪化、无所谓、散漫都是做事的态度。应该让孩子形成什么样的做事态度，答案不言而喻。

孩子参加比赛不是去度假，不仅比赛期间要将精力集中在赛事本身，在赛前准备和赛后分析总结方面也有不少功课要完成。特别是比赛结束后，教练和棋手需要将整个比赛流程中的得失进行认真总结，及时分析。

要知道，做好赛前准备和赛后分析总结不是高手们才会做的事，而是一种常规的训练方法。比赛不同于平常训练，养兵千日，用兵一时，赛场就是运动员将平时所得淋漓展示的最佳场所，更是平时训练成果的"试金石"。因此，保证选手以最佳状态参赛和认真分析比赛过程都是参赛过程中的重要环节。

不要抱着让孩子去玩玩、试试的心态去参加比赛，要帮助孩子养成从容、专注迎接考验的习惯，而这个好习惯将伴随孩子终身。相信当孩子参赛时能够以运动员的标准要求自己，他收获的不仅是比赛中的成绩，还有全身心专注迎接挑战的习惯和能力！

家长如何"陪赛"？

> 儿子每次参加比赛，我和他爸都会说："你只管专心准备比赛，认真下好每一盘棋，剩下的事情都不用考虑，爸爸妈妈做你的坚强后盾！"其实，这句话说起来容易，但比赛、出行、学习……根本没有表面看起来那么清闲。我们担心，孩子一旦养成了依赖的习惯，我们"大保姆"的日子就看不到头了。家长到底该如何把握这个分寸呢？

冠军妈妈来支招

随着棋艺训练的方法和知识获取渠道的更新换代，青少年棋手获得好成绩的年龄呈现低龄化的趋势。因此，在全国性的比赛中，家长陪行已经成为"标配"。如何做好"陪赛"工作，成为小棋手的坚强后盾呢？

"陪赛"的家长自嘲，明明以为是休假，却比上班还要累。如何做好"陪赛"工作的话题一点都不轻松。因为，从实际效果来看，绝大多数家长并不知道应该怎样做才能帮助自家孩子以更好的状态面对比赛，甚至在不知不觉中起到了负面作用。

要知道，孩子参加比赛时所需的状态、日程安排与在家或外出度假大不相同，而家长最需要避免的就是大包大揽、好为人师。

首先，同行家长最应该做的事情就是在安排好孩子参赛期间的食宿交通之后，把孩子交给教练和赛场。换句话说，不

要过多地关心呵护，不要表现出比孩子本人更多的情绪变化，不要用其他事情影响到孩子专心体验比赛时应承受的一切。当然，这里并不是建议家长当甩手掌柜，对孩子比赛期间的情绪和生活需求不管不问，而是强调不要过度关心，不要什么都按照大人的理解去安排包办。

其次，当孩子出现困惑、表现出需要家长帮助的时候，家长再适时与孩子讨论，提供帮助。否则，当家长表现出对比赛结果过度重视，对棋局中出现的失误过度批评指责，以及对自己言行的正确性过度自信时，就会对孩子的参赛状态产生干扰。

说来有意思，往往那些看似管的不太多、心态很放松的家长，他们的孩子更容易取得好成绩。

孩子比赛时容易被外界因素干扰，怎么办？

在一次关键比赛前，我对孩子说："儿子，最后一轮你要有信心，只要不输棋就是冠军！别怕你的对手。"本想给孩子加油，没想到起了反作用。比赛后孩子对我说，都怪我只想让他赢，以至于比赛时他的心思已经不能完全专注于棋局了。

我通过这次经历，明白自己的做法是错误的，希望学习一下，如何帮助孩子在比赛中排除外界干扰，专注比赛呢？

　　孩子在参加比赛的过程中会遇到多种挑战，例如遇到水平比自己高的选手、年龄比自己大的对手等，这些都会成为影响参赛感受的因素，甚至连参赛的其他小棋手是不是来自相同区域、他们的教练水平高低都会成为影响比赛发挥的原因。千万不要小瞧这些看似不起眼的事情，大人们也不要以为孩子年龄小什么都不懂，不会对这些问题敏感。

　　实际上，孩子在参加比赛时，是在以他们那个年龄的观察力和理解力体验着周围环境，做出判断和决策。而那些可能影

响到比赛的因素，处理好了便可能产生正能量；反之，则可能成为潜在的阻力，影响正常水平的发挥。

例如，在一次比赛中，有一名实力不错小男孩，赛前以为很轻松就能拿到冠军，没想到连胜几盘棋后，遇到了一名年龄比他小两岁、参加男子组比赛的小女孩。小男孩生怕赢不了遭到大家的嘲笑，于是在原本走成和棋的局面中强硬变招，结果反而输了。赛后，老师询问小男孩为什么不按照棋理正常下，他回答说："要是我连一个比我小的女孩子都赢不了，多丢人呀！"瞧，正是棋盘之外的因素，令他的心态发生了变化，进而影响了临场水平的发挥。

令人欣慰的是，这件事发生之后，教练和家长都处理得非常到位，把比赛中发生的小插曲当成一次很好的教育案例来进行分析，让孩子明白下棋最重要的是专注，是排除外界的干扰，从而发挥出自己的正常水平。在那之后的比赛中，这个小男孩再也没有犯过类似的错误，他把少年时比赛的插曲当成一次宝贵的经历，以平和的心态迎接一次又一次的挑战。

无论孩子的棋艺水平是高还是低，遇到的最大挑战都是来自于他们自己。只要能够排除外界干扰，达到正常发挥自己实力的目标，就是成功！

如何培养强大的心理素质？

心理素质在棋类比赛当中发挥着重要作用。技战术知识相对容易学习，心理素质怎样锻炼提高呢？如何让孩子避免在比赛中出现眼高手低、发挥不出真实水平的情况呢？为什么媒体报道一些棋手时会强调有些棋手是"比赛型"选手，难道这些选手有什么制胜绝招？

冠军妈妈来支招

"比赛型"选手是指一到压力很大的阶段，比如对冲或抢分时，能够放下包袱、轻装上阵的人。当然，也有个别棋手的表现截然相反：平时训练什么都明白，一到比赛的关键场次就发挥不出来。

其实，在比赛和平常的训练中，教练、家长，包括棋手自己，都会对不同棋手的实力进行评价。类似的评价当然具备一定的参考价值，至少有助于根据棋手的不同水平制定对局策略、选择不同的开局下法等。不过，也有一些棋手得知对手的实力比自己强时，下棋的时候（甚至在对局之前）就表现出畏惧的情绪，觉得自己一定会输。

仔细观察青少年棋手在比赛中的表现，特别是在决定名次的关键轮次的表现，各种影响棋手发挥的情况时有发生。特别是在没有比赛经验也不太会掩饰自己外显行为的低年龄选手的比赛中，这种现象更为明显。

有些小棋手在前面轮次的比赛中下得好好的，但是在比赛后期遇到强手，就突然变得兴奋不起来，迟迟不走棋。有的小棋手小动作频繁，例如玩手指、摇晃椅子等，或是走棋速度特别快，

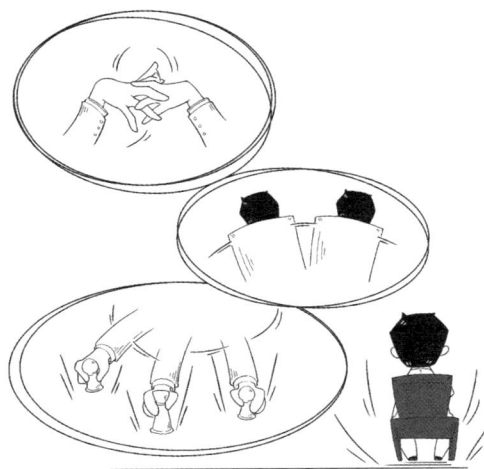

透露出心理状态的不稳定。受到内在因素的影响，棋手对局时容易表现得缩手缩脚、冒冒失失，令自己的实力大打折扣。

比赛对局过程当中，棋手千万不要被棋局之外的因素影响到自己的心态。要知道，棋局的每一盘都是全新的开始，只要棋手在对局中做到正常发挥，不管对局的结果如何，都会有所长进。长期坚持下去，就会有意想不到的收获。换句话讲，如果棋手因为棋局之外的因素影响到自己的水平发挥，只会令自己与强手间的差距越来越大，长久下去还会养成怯场的坏习惯。

其实，不仅青少年棋手身上存在这种问题，即便在专业棋手中，不敢、不善于挑战强手的情况也时有发生，关键场次遇强不强、遇弱则弱是棋手的大忌。

棋局对弈是智力运动的一种形式，更是棋手修身养性、不断成长的磨炼。古人把琴棋书画推崇为"四大才艺"，当然这不仅仅是文人墨客的雅兴，更重要的是在才艺精进的同时，人格修养方面也能得到提升。

青少年朋友学下棋、参加训练、经历比赛的目的并不一定是成为职业棋手，更多的是通过习棋、弈棋的过程收获成长。都说人生如棋，棋局上的千变万化与人生世事有着千丝万缕的联系，从小下棋，养成敢于挑战强手的品格，将来在生活和学习中遇到困难也不会害怕。

因此，比赛当中不管遇到高手还是低手，不管是关键场次还是平常对弈，正常对待，抛开无关因素，才能让自己成为强手。

在比赛中如何做好时间管理？

　　一些棋手在比赛中最容易发生的问题就是掌握不好时间，出现犹豫不决的拖延现象；越临近时限，越是难以快速做出决策，有时还会出现超时输棋的情况。往往这样的情况在某些棋手身上成为一种习惯性的表现。时间管理效果不佳的问题，是不是每个人都可能遇到呢？

冠军妈妈来支招

　　无论是青少年棋艺爱好者还是等级棋手，如果对局时偶尔出现超时，还可以从棋局技术或临场时间掌握技巧上找问题，但若成为经常性问题，就要从棋手的心理和决策习惯上找原因了。

　　不仅是下棋，生活中，一些孩子（当然也包括成年人）都有做事拖拉的毛病，例如，每天早上起床洗漱都要别人不停地催，临出门才想起来要收拾书包、整理物品。不少学生放学之后在家写作业更是令全家人头疼的事：不管作业量多少，都要磨蹭到很晚才能完成。说来说去，问题的根源都是时间管理上出了问题——拖拉磨蹭的毛病不知不觉把时间都"吞"掉了。

我们常说，下棋能帮助青少年锻炼时间管理能力。合理进行比赛时间训练，不仅能帮助小棋手避免出现因为赛时掌握不好走错棋的问题，还能帮助他们形成时间任务观念。

通常，家长们非常关注孩子最初接触棋钟产生的不适应，那时孩子每走一步棋都免不了考虑时间的使用情况，反而变成了干扰。但是，慢慢地，孩子习惯了正规棋类比赛要在规定时间内完成指定步数的规则，使用棋钟也渐渐习惯成自然，进而把赛时管理当成棋局的一部分来看待。然而，新的问题又冒了出来，那就

是容易陷入时限紧张和决策犹豫致使超时的问题中。

我记得自己还是一名少年棋手的时候，比赛当中最"喜欢"遇到那些一到临近时限就会犹豫、不走棋的对手，因为遇到这样的"好人"，多半会有"好事儿"。哪怕自己的棋局形势还不是优势、胜势，但对手在时限紧张时下的那几步棋特别容易犯错误，有时干脆就超时，拱手送上胜利。

要想成为一名合格的小棋手，需要具备的最基本素质就是拥有时间概念。假如棋手不能在规定的时间里走完限定的步数，就会输掉整个棋局！在帮助孩子建立时间概念的过程中，我们完全可以将比赛计时钟这个工具的作用大加发挥一番。例如，要求孩子在平时的对局当中用棋钟；在写作业的时候，在棋钟的两个表盘上预留出玩的时间和做功课的时间，只要在规定的时间里完成了作业，就可以像下棋时一样把计时钟的按钮拍下去，开始游戏时间的计时。如此，无论是学习还是游戏的时间都可以得到保证，当然前提是孩子在规定的时间里完成了预定的任务。当孩子逐渐养成合理掌控时间的习惯，效果不仅表现为学习更认真，在下棋的过程中也会更加高效地根据时间来分配精力，高专注力水平的优势将在完成不同类型的任务过程中表现出来。

当孩子的头脑里有了时间概念之后，再去要求他们专注高效地完成任务就变得容易得多。因为这时孩子已经明白，如果自己在某个环节拖延耽误了，就会影响后面的一系列安排。

孩子太注重比赛结果，怎么办？

乐乐学棋快 3 年了，也参加过大大小小的比赛。一向要强的她经常会为比赛中的失误懊恼不已。她的同学经常课后讨论谁拿下了什么比赛，谁失利了，乐乐虽然嘴上不说，但我们还是能感受到孩子的心态变化，比如比赛前焦虑、比赛后不愿意沟通等。

孩子太注重比赛中的得失怎么办？我们该如何帮助她调整心态？

冠军妈妈来支招

俗话说，心病还要心药治。"享受过程，看淡结果"这八个字看似简单，真正做到并不是件容易的事情。纵观国内外棋坛，即便是世界一流水准的棋手，也不是"钢铁战士"，对待胜负的态度和心理承受力一样会出现比较明显的波动。

对比赛成绩焦虑是不少青少年棋手前行中常遇到的事，不少家长和教练也容易陷入情绪"泥潭"。对此，我们首先要想明白，孩子学习下棋的初衷是什么——是全身心喜欢下棋，而不是通过下棋得到什么样的结果。

心理素质决定了棋手的发挥水平，是严格的考核标准。如果孩子出现了"输不起"的现象，家长务必加以重视，及时与教练沟通，帮助孩子以正确的心态面对输赢结果。

具体说到方法，有时一些简单问与答就能起到积极的心理暗示的作用。

例如，教练或家长可以在棋手训练和比赛前，询问棋手"下棋让你感到最快乐的是什么""今天有什么高兴的事儿"，采用这样的话语引起棋手的积极回复。此外，在比赛对局结束之后，不要过多地与棋手讨论结果，建议多聊聊棋局过程的感受。总而言之，对于心思比较"重"的青少年棋手，帮他放松和转移注意力是比较容易奏效的方法。

青少年棋手大多是喜欢思考的孩子，当积极的效果产生时，好的做法和经验就容易巩固；反之，缺乏社会经验和心理承受能力欠佳的青少年如果未能找到稳定的状态，就可能将自身不足之处暴露出来，影响棋艺水平的进步和比赛实力的发挥。

下棋可以磨炼孩子的心智，就让他在一次又一次赢棋和输棋的洗礼中逐渐成熟吧！

孩子不重视比赛，怎么办？

　　孩子非常喜欢下棋，无论训练赛还是正式比赛都是输多赢少，但小家伙都表现得满不在乎。我问他为什么不把胜负当回事儿，小家伙总是回答："谁赢不重要，大家一起下棋开心最重要。"

　　看着别人家孩子在比赛中佳绩不断，自家孩子总是给胜利者扮演"分母"的角色，我心里难免有点不是滋味。该怎么看待这个问题呢？

冠军妈妈来支招

　　琴棋书画这中国古代"四大才艺"中，棋是唯一能够直接分出胜负高下的，另外三样的优劣则更多是建立在描述性评价

085

的基础上。也就是说，下棋不仅需要一个人将身心投入其中，还要具备在对抗过程中找到最佳方案争取胜利的战斗精神。

没错，胜负心是体育竞技选手的必备，对胜利的欲望、追求、勇气以及胜利后的平常心都是优秀选手的必备。不过，当我们抛开"优秀"的标准时，孩子对下棋表现出来的浓厚兴趣和不敏感的胜负心也值得肯定的。

若以下棋活动帮助孩子体验乐趣作为评判标准，看淡胜负的孩子没做错什么。只不过，对于这样的孩子，家长不要对他的比赛成绩抱有太高的期待值，因为这类孩子在意的不是结果，而是下棋过程中的快乐体验。

每个人都有自己的性格特征，有些人表现的特点是好强，有些人容易出现情绪波动，有些人天生外向，也有些人更喜欢

独处。同样，一群孩子同时开始学习下棋，有些孩子表现出浓厚的兴趣，也有些孩子可能对参加其他活动更感兴趣；有些孩子的胜负心强一些，也有些孩子就是喜欢参加那些胜负感不强的活动。

孩子的特征与生俱来，在教育的过程中，家长们需要观察孩子的特点，因势利导开展教育，而不是拧着劲儿去追求什么既定的目标。

同理，对胜负不那么计较的孩子也没什么值得去"改造"的。如果发现自家孩子喜欢棋类活动却不那么在意胜负，那么家长也要尊重孩子，鼓励孩子更多地从棋艺技战术之外领会棋局的魅力。

怎么把握训练和比赛的频率？

"这次拿冠军的小棋手的训练频率与咱们孩子不一样，平时特别用功，所以进步快！"一场比赛结束之后，经常会听到很多家长聚在一起交流。我们在羡慕别人家孩子取得优异成绩的时候，心里更关注自家孩子的训练量安排是否合适，有没有必要找教练再新开设一些教学课程，多安排孩子参加一些比赛。

棋艺训练和比赛的频率应该怎么把握？是否需要为孩子"开小灶"？

孩子接受了一段时间的棋艺训练，达到了一定水平之后，往往会形成不同的思考和行棋风格，这个阶段，从棋手的训练目标、比赛策略以及具体训练内容方面，都需要进行个性化的设计。这个阶段的棋艺训练更需要教练与运动员之间好好规划，大到参加什么样的比赛、制定什么样的胜率目标，小到开、中、残局训练内容方面如何细化打磨等。

很多棋艺爱好者都以为，专业棋手与业余棋手之间最大的差别是比赛数量、比赛成绩和训练量。其实，更深层次的原因另有其他——专业棋手与业余棋手之间最大的区别是训练方法、比赛策略以及对棋局的领悟能力。

固然，一定数量的比赛次数和训练时间是棋手技战术水平提升的基本保障，但训练和比赛的时间以及数量绝对不是多多益善。要不然，只要训练时间和参赛频率都达到最高量级，棋手不就一定能成为棋坛高手了嘛！

真实情况是，当棋手处于水平提高冲刺阶段的时候，比拼的已经不是平常的训练强度，而是符合自己特点的个性化训练模式。这一阶段的青少年棋手，棋艺水平的提高和竞赛成绩的需求都处于一种不进则退的冲关状态，因为在这个阶段，棋手所面对的挑战不仅仅是了解更多的棋艺知识，而是全方位的考

验。所以，棋手一定要学会在常规的和集体的训练方式之外认真"开小灶"！

这种"小灶"并非一定是单独聘请一个教练或者名师，而是要在针对自己特点和需求的基础上，制定出适合棋手自身的训练计划。

例如，要善于在平时训练中针对自身的棋风特点进行查缺补漏。很多棋手喜欢不断强化自己的优势领域，但是缺少弥补自身弱点的耐心和毅力，觉得总是面对缺点找问题是一件很没意思的事情；也有些棋手，将训练的重点过度集中在补短项方面，一段时间过云之后，自身的短板倒是补足了，但优点也不知道什么时候被抛到脑后，完全丢掉了自己擅长的棋艺风格。

拿捏好训练重点的度，阶段性动态制订训练计划，及时根据情况进行策略调整，是高水平运动员科学训练的核心所在。学会聪明地用功，比每日把时间都堆在棋盘边效率要高得多。

怎样选对手？

　　训练时的弈棋对手到底应该怎么选呢？有些人认为成年人经验丰富，棋风稳健，综合表现均衡，而青少年棋手的棋风还不确定，在对局时状态起伏比较大，因此会在进行针对性训练时选择成人对手。有些人认为在训练班里应该根据棋手性别分组对局：男孩子找男孩子下，女孩子同女孩子对局。因为实际比赛中就是按照性别分组的，如果平时混着练，孩子容易棋风跑偏。

　　训练赛应该挑选对手吗？如果应该，要怎样选呢？

冠军妈妈来支招

　　这位家长对孩子下棋对手的认知显然比较专业。前面提及的那些观点确实有一定的道理，但是有些"超前"。

　　对青少年选手而言，对局时最佳对手的选择依据是棋力水平——找到与自己棋力相当的对手进行针对性的训练，显然对棋局双方都最有利。

不少家长特别希望自己的孩子平时有机会多和强手对局，但凡听说哪里有和高手对弈的机会，就会千方百计去争取，可以称得上是非常尽职。偶尔为之，无可非议。但如果把这样的行为作为常规训练方法，就值得商榷了。

　　这些家长可能忽视了很多其他因素，例如对弈的时间场所是否适宜、会不会影响到孩子平时学习和生活的日程安排。还有一些家长，在同教练沟通的时候，明确提出只希望让自家孩子同水平高的对手下，对相对弱的棋手则摆出一副高手的做派，仿佛这样的训练会让自家孩子吃亏。

　　需要注意的是，孩子在学棋的最初阶段，往往在规则掌握和熟练操作方面需要更多的练习。这时，具有初级棋艺基础的家长可以担当模拟对练的角色。但是，随着孩子棋艺水平的提高，如果家长与孩子的棋艺水平已经不在同一水平线上，建议家长把安排孩子训练的任务留给教练。

　　孩子跟什么样的棋手下棋当然是一件非常有讲究的事情。抛开偶尔有世界级或全国知名棋手下指导棋的机会不谈，大多数的时候，小棋手日常训练中面对的是相对固定的场所和人员结构。因此，孩子选择练习对象时应当高低兼顾：与比自己水平高的对手下棋，能够激励好胜心；与比自己水平低的对手下棋，能够体会到赢棋的快乐，从而增强自信心。

第四章

孩子的小心思

孩子认为自己比别人笨，怎么办？

孩子刚刚开始学棋时特别开心，天天嚷着要去培训班。但随着课程难度的加深，他就显得有些吃力了，看到别的小朋友很快掌握了新知识，他就会问我："妈妈，为什么别的小朋友都能学会，就我学不会，我是不是比别人笨？"我很担心孩子的这种心态会影响到未来的发展，作为家长的我们应该怎么做？

冠军妈妈来支招

孩子初学棋时，我们不能否认不同个体的接受能力存在着客观差异，有的孩子一学就会，有的孩子掌握得就慢一些。这是不是意味着掌握得慢的这些孩子脑子就比其他孩子笨，不适

合下棋呢？

　　答案当然是否定的。

　　年龄越小的孩子，初学棋时越要注意激发他的兴趣，采用适合他的方式来引导。例如，针对孩子坐不住的特点，在他们学棋的过程中，可以采用游戏化的方式讲授棋艺知识。比如，学习国际象棋中马的走法时，按照规则，马要"二直一横跳"，孩子往往不能在棋盘上很准确地找到马的下一步应该走到哪一个棋格中。但是，如果我们在操场上画出几个格子，让孩子扮演棋子马的角色，按照规则跳格子，他们就能很快在游戏中熟悉相关知识。

此外，孩子在处于棋艺水平的提高阶段时，总会遇到某一时期停滞不前的情况，这时候，孩子和家长都难免会产生困惑。看到身边的其他伙伴都在不断提高，孩子难免会有这样的疑问："我是不是比别人笨？"

孩子就是孩子，在他们的眼中，不断赢棋、进步速度快就是聪明的体现。而到了棋力水平停滞不前，棋下得别别扭扭的时候，他们对自己的评价当然会有失偏颇。

其实，不管孩子在培训班里是不是"小棋王"，参加不同的棋艺赛事活动，小家伙都会感受到一个强大的竞争气场。当很多棋艺非常出色的青少年棋手因比赛相聚，无论是家长还是孩子本人，都会感叹什么叫作"天外有天，人外有人"。

可不是吗？不管孩子自身的素质有多么出色，综合能力都不可能是无懈可击的。优秀的集体将众多优秀的个体集中在一起，即便是再有天分的孩子，也免不了会看到自身的弱点。

有弱点不怕，积极面对、弥补就行。但是，这样的从容和坦然在发展顺畅的时候很容易做到，在学棋停滞不前时，就难免想岔了。

棋是智力的"体操"，喜欢做智力体操的孩子当然不是什么笨孩子。千万不要因为在提高棋艺的道路上遇到一点困难就丧失了前行的勇气，坚持一下，再坚持一下，前行的路会在脚下变得越来越宽广。

孩子一直进步不明显，怎么办？

我家孩子开始学棋时进步特别快，每次学习回来都高高兴兴地和我们分享学到的新招式，每每和小朋友对局也会带给我们惊喜。现在孩子已经学习了一段时间，最近我们感觉什么变化也没有，是孩子跟不上了，还是训练方法有问题？

冠军妈妈来支招

　　棋艺水平徘徊不前是很难受的过程，不要说对于孩子，就算对于成人专业棋手，也无异于一种煎熬。但往往家长们只是干着急，凭着满腔舐犊之情，除了交换信息、消磨时间之外，很难有什么良方妙计。

　　我们知道，棋手的棋艺水平越高，想要取得新的进步就越难。有些孩子在学棋的最初阶段升级速度特别快，但是到达一定水平之后可能出现徘徊不前的状况。

比如，一些下围棋的孩子，往往在打入级和段位比赛时很轻松就能通过，但是到了更高层次的时候，就像遇到了拦路虎，好几次比赛都过不了关。

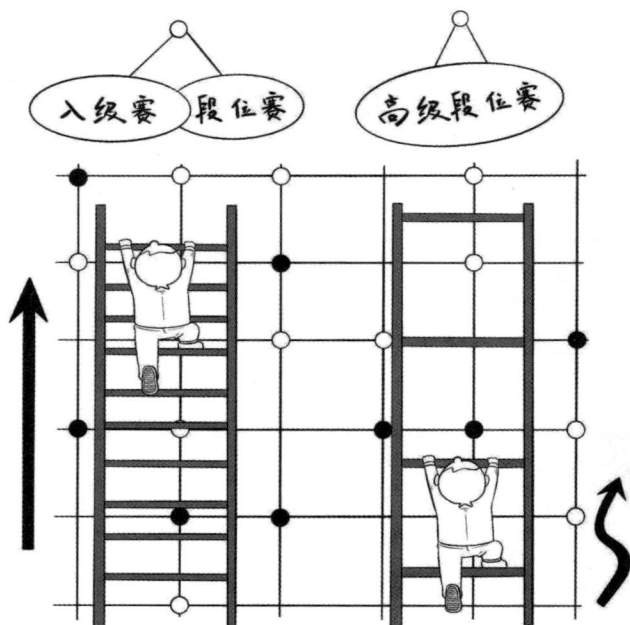

某些层级比赛总过不了关怎么办？棋手的水平总是徘徊不前如何应对？问题面前，无论教练、家长还是小棋手本人都难免心急。难道这就是孩子所能达到的极限？棋艺水平不能更上一层楼了吗？

困难面前，还是那句话，棋手一定将心态放平和，多分析自身的棋路特点，从补短方面下功夫。

在很多时候，我们会把注意力放在如何发挥长处上，而面对自身缺点完成"补短"任务的时候，总会感到浑身不自在。于是，缺点就像一个显眼的疤癞一般摆在那里，对于已经达到了一定水准的棋手，类似的短板当然会影响棋手进一步达到更高水准。

然而，棋局的发展很多时候与我们预想的目标背道而驰，难有一帆风顺的坦途。即便我们心中看淡比赛和对局的胜负，但有几个棋手不是争强好胜的呢。有些棋手会用"棋下得别扭"来形容自己的状态。高手尚且会遇到这样的问题，青少年棋手更要做好迎接考验的心理准备。对小棋手来说，遇到水平提高阶段的徘徊状况，要学会调整状态，坚持常态训练，不能因为一时的困难就丧失了信心。

训练、对局、复盘、好心态，有了这几条，状态不好的情况只会是一种暂时现象，特别是对于小棋手而言，学会在不利的情况下坚持，更是一种难能可贵的本领。当孩子在教练和家长的帮助和鼓励下克服了困难，回头看到自己努力的过程时，相信他们收获到的不仅是棋艺知识的提高，更是一个人在面对逆境时，如何积蓄力量，朝着更高目标努力奋斗的能力。

迎接挑战、从容应对是一种良好的心理素质，这种素质在"慢火淬炼"中形成，在逆境中顽强地成长。

孩子只喜欢对局，不喜欢理论学习，怎么办？

我的孩子今年上小学三年级，他经常利用课后时间和小伙伴切磋棋艺，我们也很认可他的做法。后来给孩子报了培训班，他仍旧只喜欢对局，一到教练讲解理论知识时就心不在焉。教练说孩子是个好苗子，但如果理论学习跟不上，后面的进阶学习会是很大的问题。我们该如何帮助孩子呢？

冠军妈妈来支招

孩子的想象力很丰富。我问过很多孩子下棋时到底有什么感觉，他们大多会说："下棋能够神气地指挥自己的部队，勇往直前。"是啊，棋局就像一个战场，棋手就是棋盘上的指挥官，而棋子则是驰骋在棋盘战场上的千军万马。

指挥官只学习兵法就能率军打仗吗？当然不能。成为一名合格的指挥官，要接受方方面面的训练，只有各方面的能力都足够强，才能胜任重要岗位的工作。

因此，要想成为一名优秀的棋手，不仅要学习棋艺对战技巧，还要学会吸取棋盘内外的知识。因为，很多事情都是融会贯通的，当一个人琢磨透了某件事情的道理之后，会惊奇地发现自己头脑中的其他问题也会迎刃而解。

初学者最大的特点就是不太懂全局作战的道理，总是容易在棋盘的局部战场上用蛮力，这样做的结果就是：即便达成某一阶段的目标，但真正的作用并不大。而缺少理论学习，只顾着"再下一盘"的孩子，往往会遇到这个问题。

在我们和孩子沟通时，不妨以足球赛举例说明——一场球赛当中，攻防队伍之间的较量最能诠释全局（理论知识）与局部（对局）的关系。射手单骑闯关将球踢入球门就好比棋局当中的局部进攻，而在这样有效的进攻形成之前，球队的全体队员需要各司其职，不能轻易冒进，个体球员的行动要服从全局的需要。

棋手在成长道路上，会遇到很多"闯关拔寨"的考验，可能是弥补棋艺知识方面的不足，还可能是训练和比赛的状态调整等，只有全面发展，才能在棋艺增长的过程中一路过关斩将。

输棋之后怎么办？

每次比赛后，我都喜欢观察各个孩子的反应，特别有意思：有获胜后手舞足蹈的，有在大家的赞扬声中低调离场的，有输棋后号啕大哭的，也有独自抹着眼泪黯然神伤的，还有闹脾气、气鼓鼓地甩开家长的手的……每个人对情绪的处理方式都不太一样，孩子在情绪表达上更是外化。那么，比赛失利后，该以一种怎样的态度面对，才有利于长远发展呢？

冠军妈妈来支招

胜负本是兵家常事，棋局结果无非是胜、和、负三种。其实，孩子输棋不是一件坏事，抛开棋艺内容不说，单说通过下棋

学会面对并接受不如意的结果，这就是一种抗挫折训练。

　　赢棋输棋都正常，孩子最初输棋流几滴眼泪，这也是正常的情绪表达方式。当孩子的对局结果低于预期时，家长和周边长辈的信任鼓励，比什么教育指导都管用。要充分肯定孩子已经取得的进步，并传达给孩子这样的信息——你能行！下一次一定会做得更好！

　　记得小时候下棋，我在训练班里是年龄最小、实力最弱的一个。不过，因为平时训练很认真，即便训练赛对局输多赢少，教练看到我输棋之后总会缠着对手不断求战，还是会在条件允许的情况下给我安排更多的对局机会。为了激励我保持昂扬的斗志，教练特意把比赛对局安排成对抗赛的形式，也就是说，我需要面对相同的对手接连下好几盘棋。技不如人真是一件很痛苦的事情，尽管我尽了最大的努力，但在与比自己年龄大、实力强的对手较量时，悬殊比分落败的情况屡屡发生。输了棋，我没少跟自己较劲，边上没有人时也偷偷掉过几次泪。

"最近有进步，继续努力！"当我还在为失利伤心的时候，教练拿着成绩单开始表扬我。

"看看你这段时间的成绩单，你已经比前一阵子输的少多了！"原来，教练说我进步是真的，面对相同的对手，与过去的成绩相比，现在的比分确实进步了不少！

原来，输棋也罢、落后也罢，只要努力就会有进步。早晚有一天我会成为胜利者！

谁不想当胜利者呀！胜与负是截然不同的两种结果，体验当然不同。对于自尊心强的小孩子来说，胜负更是重要。不过，理性接受棋局结果正是对小棋手的一种最佳的心理训练。

困难，会迎刃而解；挫折，只会令人更加从容坚强。孩子选择了下棋，就应该做好坦然接受和承担各种对局结果的心理准备，要让孩子懂得，不管是下棋还是做其他事情，只要尽到自己的最大努力，就是最棒的，就是胜利。

挫折教育是孩子学下棋的"额外"收获，天底下哪有只赢不输的比赛？在对局的过程中，棋手必须不断面对输输赢赢的结果，也一定会经历赢棋欢笑、输棋忧伤，最后成长到能够客观分析棋局，从简单关注棋局结果到更加注重分析总结棋局内容。经过一段时间的训练，输赢对小棋手来说就不再是什么"刺激"了。

如何向对手学习？

好胜心强是青少年棋手身上最鲜明的特点。他们输给某个对手后，脑子里琢磨的往往是这场比赛哪里处理得不够好，下一次比赛怎么能赢回来，很少从对手身上有什么优点、自己应该如何学习借鉴上考虑。

他山之石，可以攻玉。如果要学习对手的优点，应该从哪些方面入手呢？

冠军妈妈来支招

在很多武侠小说中，我们经常能看到高手之间惺惺相惜的情景，这样的情感在棋手之间同样得到了很好的诠释。很多棋手之间的情意就是在"刀光剑影"的对抗中建立起来的，真可

谓是不打不相识呀。

　　作为棋手，我曾经参加了五次世界冠军赛，在长达十余年的巅峰对决中，我和赛场上的很多对手成了朋友。回想起来，那些多年的竞争对手感觉像老朋友一般亲近。例如来自格鲁吉亚的玛雅·奇布尔达尼泽，来自匈牙利的苏珊·波尔加，来自俄罗斯的艾莉莎·加里亚莫娃等，尽管现在大家都已经换下一线棋手的战袍，过着与棋的关系或紧密或疏离的生活，但当年棋盘对决中结下的友情反而随着时间的推移越发亲密。

　　这几位与我在世界冠军赛上拼得你死我活的对手中，我对玛雅的印象最深，因为她年长我们几岁，从某种意义上讲是我们这一代棋手追赶的目标和榜样。玛雅用实际行动告诉我们，下棋可以赢也可以输，但是作为冠军棋手的尊严永远不能丢掉。

来自格鲁吉亚的玛雅·奇布尔达尼泽曾是我少年时期的偶像，当年我怎么也没有想到在自己 20 岁的时候能够以挑战者的身份向世界女子冠军的宝座冲击。记得比赛出征之前，我在接受《中国体育报》记者采访时被问到自认为有多大的取胜机会，我的回答是 50%。其实，当年自己对如此高级别的对抗赛的经验为零，之所以认为有一半的获胜概率，仅仅是根据数学公式 $1 \div 2 = 0.5$。而我的对手，连续 5 次获得世界冠军称号、独揽世界棋后宝座 13 年之久的玛雅·奇布尔达尼泽在回答著名国际象棋杂志《64 格》提出的相同问题时表示，她就等着比赛后回国庆功了。

少年不识愁滋味，初生牛犊不怕虎，对于玛雅的自信和众人赛前对比赛结果一边倒的预测，当时年仅 20 岁的我当然心有不甘。凭什么呀，人家从来没有和奇布尔达尼泽交锋过，怎么知道我就会不行呢？比赛中的棋是下出来的，不是靠人坐在家里评分选出来的，对局过程千变万化，到时候还说不定谁怕谁呢。哼，我偏要再加把劲好好备战！

最终，虽然我在 1991 年的国际象棋女子世界冠军对抗赛中取得了历史性的胜利，但通过了漫长的较量之后，我才意识到自己不过是幸运地取得了一场比赛的胜利，并没有达到全方位超越前一任棋后的水准。假如从对棋的理解、学识、接人待物全方位进行比较的话，当时刚出道不久的我显然在综合实力方面还与令人尊重的玛雅·奇布尔丹尼泽存在着一定的差距。

果然，1991年之后近20年的系列比赛中，这位前辈棋后依旧风姿不减，屡屡创造佳绩。我赢了对抗赛，对手却让我肃然起敬。这就是冠军的实力！

没错，高水平选手之间存在一种惺惺相惜的关系。尊重欣赏你的对手，不仅能让自己的生活中多一个朋友，还能像镜子一般反射出自己的弱点。

学习是一种能力，从对手（也是朋友）身上取长补短，才能令人更加清醒地摆正自己的位置。

如何向大师级选手学习？

孩子爸爸看电视时激动地说："快看！他年轻的时候曾经代表国家队参加了很多重要比赛，是很多年的棋王！"我和孩子面面相觑，总感觉我们和大师的差距大得就像银河系一样——对于大师，也就是看看热闹而已。

作为普通棋童家庭，我们真的可以从这些大师身上学到些什么吗？

冠军妈妈来支招

俗话说，家有一老，如有一宝。怎么向老一辈棋手学习，学什么？对年轻棋手而言，久经沙场的老棋手身上有着很多书本和赛场上看不到的"宝贝"。

世界棋坛上有一些永不言败的棋手，虽然他们一辈子与世界冠军无缘，但是对棋局的理解有着独到的见解和视角。一点儿也不夸张地讲，我们完全可以把这样的棋手称为"不老的战神"——下棋就是他们的命根子，这是一个让人致敬的群体。

科尔奇诺伊，就是国际象棋界中这样的一位传奇人物。老先生最有特色的是头顶一撮不多但永远立起的白发和虎视眈眈、不那么友好的眼神，加上他说话时厚重的嗓音，使得我一看到他马上就联想起一只好斗的大鸵鸟。

老先生（科尔奇诺伊本人看到这样的称谓一定不高兴，他从不服老）的棋艺人生有着厚重的政治色彩。他在 1974 年年底从苏联移居至西欧，在当时美苏冷战的高度敏感时期，作为男子个人世界冠军种子选手，科尔奇诺伊的不辞而别无疑为自己

科尔奇诺伊

带来了麻烦。接下来很长的日子里，他都是一名无国籍棋手，没有比赛组织者敢冒风险邀请他。1978年，他在瑞士扎下了根，当时阔别棋界3年的他已经47岁，在这个几乎是所有棋手的棋艺生涯都滑入低谷的年龄，他开始了自己的棋坛传奇。科尔奇诺伊神奇地在1978年、1981年接连两次单枪匹马，一路过关斩将闯入男子世界冠军决赛，虽然他两次均以失利告终，但只要一提起科尔奇诺伊，很多棋手无不倒吸几口凉气。

科尔奇诺伊吸引人的地方不仅在于他的传奇故事，他对棋艺的热爱以及他本人颇有些怪异的性格愈发显出他在当今棋坛上的独一无二。国际象棋已成为他骨子里不可或缺的一部分，我想象不出没有棋的日子他会怎样。尽管他本人都承认在慢慢变得衰老，但这份老态又似乎是故意装给别人看的。赢了棋，他会像孩子一样开心，这一天比赛的对局解拆室里准会响起他的爽朗笑声；如果遇到对手不想与他拼战，一局平淡的和棋之后，他总会用"尖刻"的语言把年龄比自己小一半还多的对手嘲讽一番，然后停留在对局室里看其他选手比赛，继续过自己的棋瘾；如果这局棋输了，那可是一件不得了的事情，他会借任何机会把狂怒发泄出来——与其说他在与对手怄气，不如说他在施怒于自己。

记得有一次比赛，我碰巧与科尔奇诺伊夫妻住隔壁，两个房间是由一个大套间改造的，中间有一道门紧锁着。我正在房间里分析对局，只听见隔壁响起了科尔奇诺伊特有的嗓音，接着是杂乱的脚步声，声音越来越大，最后变成了困兽般的咆哮。我正在思量，他输给了什么人，使得他如此愤怒，只听得哗啦一声，一个人从两个房间中锁着的那扇门撞了进来。冲进来的就是科尔奇诺伊。他显然被这个意外吓着了，手扶着门呆站着。他的太太赶紧跑过来，我们三人的目光聚在一起，禁不住大笑起来……

我曾经有机会赴瑞士向老先生登门求教，经历了严格的科氏日常训练考验，获益匪浅。与老先生接触多了，潜移默化中，自己对棋的体验不再局限于训练比赛，而是一种浸入骨髓的感情。老先生就像国际象棋界的古董一般，越老赢得的敬仰也就越多。

即便随着时间的推移，老先生的棋力水平一再减弱，但他仍然倔强地表示："我的目标不再是世界冠军，但我还要教教那些年轻人该怎样下棋。"是的，谁也无法抵抗生老病死的自然规律，但从老棋手身上，我更加懂得了用生命去爱棋的道理。

无论是近距离与这样的大师接触的经历，还是从新闻媒介上看到的传奇故事，"榜样的力量"值得青少年棋手学习。因为，通过这些"战神"级别选手的经历，你会明白，原来，棋是需要用生命去热爱的。

如何成为优秀棋手？

我们在孩子刚学棋时就定下了目标，那就是向着高水平专业棋手的方向努力。但是，在孩子的棋艺训练过程中会发生很多与个人意志不相符的情况，于是我们不免产生疑惑，是不是将孩子的方向定得太早了。

后来我们又想，如果成为专业棋手有些言之过早，成为一名优秀棋手不失为一个好方向。作为家长，该如何助力孩子向着优秀棋手发展呢？

冠军妈妈来支招

当家里的孩子痴迷于下棋的时候，家长心中最想弄清楚的一件事情就是孩子如何才能成为一名优秀棋手。

做一名优秀棋手当然要具备很多特质，不仅要在获取棋艺知识方面表现突出，还要善于抓住转瞬即逝的机会。也就是说，即便某些人已经足够优秀，但是由于这样那样的原因错过了机会，还是无法将自己的棋艺才华转变为优异成绩。没办法，这就是体育竞技残酷的一面。

要想成为一名好棋手，不单单要具备高超的棋艺水平，还要朝着身体健康、心理素质稳定、技术一流、文化学习突出的方向努力。也就是说，要从全方位做好准备，追求孩子的全面发展。

说一千道一万，孩子参加棋类活动的核心目的是获取积极能量，因此在提倡全方位发展的同时，首先强调的是孩子能够保持浓厚的下棋兴趣。唯有他喜欢做的事情，孩子才会积极投入，才能处于最佳的学习状态，正如苏联著名教育学家苏霍姆林斯基指出的，"所有的智力活动都依赖于兴趣"。

同样，虽然棋类活动属于智力运动项目，但成为一名优秀棋手绝不单单取决于智力方面的因素。棋手水平越高，面临的竞争越激烈，因此对棋手的要求就更加全面，特别是在心理素质和与人合作能力的打造方面，在选手水平相当时，心理素质往往起到决定胜负的重要作用。

其实，不仅是下棋这件事，在很多领域，当我们评价成功人士的成长关键转折点的时候，一个出现频率颇高的词是"悟性"。悟性从哪里来呢？一定来自这一领域所需知识的基础底蕴和优势积累，正所谓厚积薄发。而棋艺项目的特点，更是要求棋手具备高超的棋艺技战术知识积累、能够适应长期训练，具有适应艰苦比赛的强壮体魄、勇于面对竞争的坚强性格，以及能够积极迎接漫长职业征程的起伏得失的豁达洒脱的正确人生观。

无论孩子学什么，要想达到较高的水平都不是件轻而易举的事情。同样，在棋童的培养方面也无异于一项规模庞大的教育工程。孩子的成长体现在方方面面而不是某个特定的具体项目，孩子身上的点滴进步和好习惯不是靠说教和生硬灌输形成的，棋手想提高技术水平也是同样的道理。并且孩子年龄越小，越需要家长采取润物细无声式的、平常生活中不露痕迹的"潜教育"。

要记住，先保持孩子对棋的浓厚兴趣，再全方位去做准备，一定会有收获。

如何培养优秀的棋品？

晚饭后，和孩子一起下棋已经是我们家的传统了。我本来特别高兴孩子能有下棋这样的爱好，但最近我发现他染上了坏毛病：没走几步，就嚷嚷着要悔棋。教练一直强调：棋品见人品。我们也一直和孩子说，每盘棋都要下得光明磊落，因为我们深知胜利绝对不是"偷"来的。

知易行难，如何在不打击孩子积极性的同时，和他说明棋品的重要性呢？

冠军妈妈来支招

在棋类推广活动当中，组织者经常会安排大师与青少年下指导棋，这样的方式能够让更多的棋艺爱好者直接与大师过

招，机会十分难得。但是，在这样的指导棋的对弈过程中，大师们经常会在活动结束后惋惜地指出个别孩子存在悔棋、找人支招和违规多走棋的问题，这些问题对职业选手而言属于不能容忍的棋品问题！

"棋虽小道，品德最尊"，陈毅元帅一针见血地指出了棋手品德的重要性。没错，棋品的重要性怎么讲都不过分，特别是对可塑性强的小孩子而言，学棋不仅是学习棋艺技术知识，更要强调棋品，通过下棋学习做人。

孩子年龄小，辨别事物的对错大多依靠外在的一些信息，也更注重眼前的体验和结果。不仅是孩子，在学棋的过程中，大人们有时也只看表面的一些东西，不往更深层次去思考。例如，在很多人的眼里，下棋最重要的是结果，只要赢了棋，就是胜利。

下棋是追求胜利目标的探索之旅，但如果把对局结果当成唯一的胜负指标，对于孩子的教育就不够全面。下棋不单纯是双方棋手棋艺水平的较量，更在下棋的过程中体现了棋手的棋品棋德。拥有良好棋品的强手才是真正的胜利者，才能得到大家的尊重。

一名棋手的棋品体现在整个对局过程中，甚至在一局棋开始前和结束后，棋手的棋品一直在接受着考验。

曾经有个别棋手就因为缺少棋品的修养和教育，在对局和比赛中闹出了不少笑话，甚至惹出了大麻烦。例如，有些棋手不遵守下棋落子无悔的规则，趁着对手不注意改变已经走过的棋；有些棋手在对局过程中故意制造出噪声和奇怪的表情，意在干扰对手的思路；有些棋手在对局过程中与其他棋手讨论棋局，或者看电脑、打电话，存在作弊的嫌疑；有些棋手赛前与对手签订"君子协议"，提前商定比赛对局结果；有些棋手只要对局结果不如意，便在赛后故意诋毁对手，形成恶劣的影响……这里谈到的诸多不良行为，暂时看起来都是"占便宜"的事情，但是这些行为都会令人不齿，与棋手应该遵守的品行操守背道而驰。

在一些青少年比赛的赛场外，我们经常看到等候孩子的家长们三五成群聚在一起议论。如果有心人抽空停下脚听一听，会发现一个有趣的现象——其实，孩子身上的特点和学棋过程中的点点滴滴的小事，哪一点都逃不过大家的眼睛。

是非对错自然会有公论。但是，偏偏会有一些家长总在琢磨"旁门左道"，这样心思难免歪了，最终不仅没有帮上孩子，长远来看反而会害了他。

第五章

棋童家长的自我修养

如何做个好帮手？

在孩子学棋的过程中，家长与教练的交流沟通往往比较频繁。除了孩子的课堂表现，教练也会把课后作业发给家长，希望家长帮助孩子一起完成。遇到孩子单独完成有困难的习题，家长应该坚持让孩子独立完成还是采取其他方式进行思路引导呢？打棋谱是教练惯常布置的课后作业，小家伙只是照着棋书在棋盘上摆一摆就行了吗？家长该如何更科学地帮助孩子学棋呢？

冠军妈妈来支招

大多数家长并不是下棋的高手，不明白教练安排的训练内容是否科学，通常的做法是教练怎样安排就怎样做，只有教练批评孩子的时候才参与到教育过程当中。如何才能在孩子棋艺训练过程中起到好帮手的作用呢?

其实,平常孩子在家的时候,家长即便不会下棋,也完全可以胜任"辅导员"的角色。

方法很简单,只要找一些口碑佳的棋书和经典训练习题集,按照一定的进度督促孩子坚持做一点"功课"就很有用。要知道,一名棋手的成长绝不是短时间的事情,假如家长希望自家的孩子能在棋艺道路上学到一点实实在在的东西,就不要将目光只停留在短期的对局和比赛成绩上。

家长不管会不会下棋,在孩子学棋的过程中都可以做一些辅助性的工作,例如及时与教练沟通,完成家庭作业的监督、辅导工作,加强与孩子的交流,帮助孩子保持稳定的心理状态等。

棋艺水平不是一天两天就能够取得显著进步的,因此在孩

子棋艺训练的过程中，在教练的指导下，帮助孩子制订一个较长期的"家庭作业"计划很有必要。下棋与学校的常规学科学习有相似之处，在小学阶段，知识比较容易，可能只要凭借一些努力就能取得优异的成绩，但到了中学阶段，随着科目的增加和学习难度的提升，如果没有好的学习习惯和扎实的知识基础，就会感觉越学越难。

同样，好习惯和知识基础对孩子的棋艺训练非常重要，在习惯养成及打牢基本功的环节中，家长能够发挥的作用不可小觑。孩子大多喜欢实战对局，不热衷于打棋谱做习题，对于那些理论性强的课程和图书，如果没有大人的督促也不会下功夫去琢磨。棋艺知识系统最基础的部分是棋手思考棋局的状态，为什么我们说职业棋手的直觉特别好，一眼就能看到正确的招法，而业余选手苦思冥想费了很大力气也总想不到关键的点子上，差距就在对棋内涵的理解上。棋的内涵从哪里来？就是由一个个看似浅显的基本知识串在一起构成的。

不管家长本人会不会下棋，在孩子学棋的成长道路中，家长都要扮演重要的助手角色。一位称职的棋童家长的作用是任何教育专家都无法替代的。

如何成为"好心态"家长?

孩子学下棋，多长时间之后就能在记忆力、耐心、专注力方面表现出明显的进步？孩子平时训练，每天练多久就能确保棋艺水平进步，达到参赛水准？孩子需要参加多少次比赛才能做到胜负不形于色，从容应对场上的变化？

家有棋童，我们家长的心中时不时会冒出各种各样的问题，这些问题的答案在哪里？

冠军妈妈来支招

曾经听到一些家长讲："假如我家孩子下棋不能如何如何，岂不是白学了？"闻后，我心中真是像打翻了调料瓶一般，各种滋味，却又不知如何去说。

唉，孩子下棋本是一件很轻松的事情，家长干什么要如此较劲呢？多累！

现今社会中存在着一种过分"务实"的浮躁心理，有不少家长从送孩子下棋的那一天开始，就没有从他的兴趣发展和健康成长的角度来考虑，而是盘算着如何把对孩子的每一项投资都变成"短、平、快"的项目。而偏偏下棋这件事是锻炼人的认知思考能力的，不可能一两天就见到明显效果。再者，比赛的冠军只有一个，因此，如果家长心态焦躁，就难免直接影响到孩子学棋的效果。

例如，对于孩子是否要选择相对专业化的棋艺训练的问题，很多专家的建议都会是：家长和棋手要先保持从容的心态

再做考量。

特别是家长，不管自家孩子表现出了什么样的棋艺才华，不管在刚刚结束的比赛中取得了什么样的成绩，也不管周围的教练给予孩子高还是低的评价，最重要的一件事情都是尊重孩子的兴趣和选择。

特别需要强调的一点是，对处于义务教育阶段的学生而言，棋艺训练要尽可能在保持正常学校生活的前提下量力而行，切忌因噎废食，抱着赌博的心态，荒废了孩子基础教育阶段正常的生活学习节奏，将孩子的未来提前设定为职业棋手，犯了拔苗助长的毛病。

棋局里的奥秘太多太多，不要说小棋手们，就是那些痴迷棋局多年的成年人，要想练就一身高超的棋技水平也不是一件容易的事情。特别对孩子而言，下棋是一件既抽象又具体的事情。说下棋抽象，是因为对局的时候不能想怎么走就怎么走棋，必须根据棋理原则来行动；说下棋具体，是因为小小棋盘上演绎着千变万化的棋局形态，哪怕一丁点儿棋局形势的差异都不可小瞧，棋手必须做到具体情况具体分析才能避免出错。

棋手的成长无异于一项庞大的人才培养工程，在哪个环节上出现纰漏都不可能成功建造摩天大楼。

棋童成长之路没有所谓的成功方法可以模仿复制，从某种意义上讲，人的培养教育是一项"种瓜得瓜，种豆得豆"的终身事业，对于孩子"未来发展"问题，时间自会给出一个合理的结果。

如何与教练沟通，合理安排训练？

孩子学棋从入门到提高，从业余爱好到参加比赛，从无名小卒到成为获得资质的等级棋手，每个环节中的训练重点和任务都不一样。应该怎么把握，又应该怎样与教练进行沟通，共同努力帮助孩子的棋艺水平更上一层楼呢？

冠军妈妈来支招

在孩子棋艺水平提高的环节如何安排，体现了教练教学水平的高低，同样也考验着家长能否在关键时候发挥作用。

处于棋艺水平不断提升阶段的孩子，无论在课业学习还是棋艺训练方面，仍容易受到外界环境影响。因此，在条件允许的情况下，家长可以充当教练和孩子之间的沟通者，合理安排孩子的

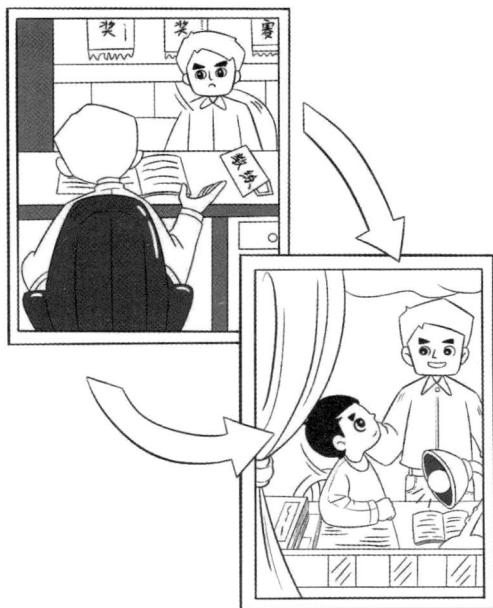

学训时间，不断向着专业训练的高标准来设定计划。

首先，从孩子培训班的学习环节上，为孩子制定个性化的训练教学方案，根据孩子的自身特点进行针对性的棋艺知识教学和训练。孩子的认知水平不一样，即便相同时间开始学棋的孩子，经过一段时间的棋艺训练后，在棋艺知识理解和问题解决能力方面也会出现较大差距。

其次，加强与其他小棋手家长的联系，必要时可以建立伙伴式的、小范围的、小规模比赛对局的人员结构圈子。这样，孩子们就能在时间允许的情况下，通过网络对弈、家庭对弈等方式进行有针对性的实战练习。此举不仅大大减少了孩子学棋花费在路程上的时间和精力，同时还帮助小棋手间建立更加紧密的伙伴关系。

最后，训练课之后的家庭作业环节，结合孩子自身能力限定时间，在规定的时间里，孩子完成多少就是多少。然后，家长根据孩子实际完成的作业量与教练进行沟通，让教练能够更好地了解孩子的情况，并根据孩子的情况布置更加符合孩子能力标准的作业。需要补充的是，孩子间的对局内容是非常有用的训练分析素材，非常有必要请教练过目，这样能够起到及时发现孩子思维特点和弱点的作用。

训练安排要科学，并且在活动日程的安排上要考虑孩子本人的意见，这样做更有利于调动孩子的情绪，提高管理效率。孩子自主参与非常重要。当孩子知道自己的意见和感受得到大人的重视的时候，会表现出更加主动的配合态度，更有利于调动孩子的积极性，增强孩子的自信心。

自信是棋手必须具备的强大动能，当孩子有了自信心，他们就能在未来的赛事活动中有充分的"底气"与对手较量。一个缺少自信的孩子是不快乐的，同样，不自信的小选手在未来的棋艺水平往往会表现出停滞不前，甚至退步的现象。

孩子学棋的过程是一个多因素组合，欲达到深入挖掘资源潜力的目标，需要建立积极宽松的学棋环境。训练安排有窍门，适合自己的，才是最好的。

孩子在家与棋相伴的时间，家长应该做什么？

我们当中有些家长特别喜欢与孩子切磋棋艺，这样一来，家长也会深度参与孩子的课后习题和家庭作业，甚至将习题细心地从易到难进行分级，作业本也按照正确和错误进行了区分。我在想，这种无微不至的"一条龙"式辅导会不会容易形成"温室效应"，让孩子形成依赖？孩子在家与棋相伴的时间，家长应该做什么？

冠军妈妈来支招

孩子学棋的不同阶段，家长工作的侧重点应该有所不同。首先，也是最重要的事情，就是构造一个轻松的氛围，让孩子在鼓励和愉悦的状态中进行思考。也就是说，保持孩子做题的兴趣非常重要。

对于孩子习题训练环节的题目选择，家长要与授课老师或教练积极沟通，掌握从易到难、逐步过渡的节奏。例如，孩子学棋的入门阶段，孩子往往对下棋兴趣浓厚，无论让他们进行实战对局还是做题，他们都感觉比较新鲜，能够积极配合。这时，考虑到孩子的棋艺水平有限，家长可以把书中的题目摆在棋盘上，让孩子动手摆出结果。

简而言之，这个阶段的孩子还不具备仅凭思考便可以解题的能力，因此重点要放在培养做题的兴趣方面。这一阶段给孩子布置的题目不宜难度过高，最好找那种只需下一两步就可以有结果的题来做。

当孩子已经具备了一定的基础，棋艺水平处于从初级向中级发展的阶段时，孩子对棋的兴趣已经基本巩固，同时也养成了思考的习惯，此时可以让孩子独立完成做题过程。

这一阶段，建议家长完全放手，让孩子自己把题摆在棋盘上，独立完成解题过程，并把答案写在棋书或本子上。

此阶段的习题已经达到一定的难度水平，因此孩子在思考的过程中容易出现花费不少时间仍找不出思考要领的困惑。对于这种现象，家长不必着急或做出一些过度安抚孩子的举动，而应该对孩子在困难面前仍坚持思考寻求答案的表现及时予以积极肯定。

在孩子棋艺水平处于爬坡阶段时，最重要的事情是棋手能够克服困难，不懈努力。当然，由于此阶段的孩子大多仍处于低龄、自控能力较弱的时期，家长还需要做一些具体指导工作，例如配合教练督促孩子完成布置的作业。

随着棋艺水平的提高，孩子已经逐步完成了棋手习惯养成的过程，在思考方式和行为举动方面都能将这种能力表现出来，在完成老师课后作业方面也会表现得越发独立，能够主动以棋手的标准来要求自己。此时，孩子已经明白平时的训练与提高棋艺水平之间的关系，因此即便老师没有布置作业，孩子也能做到自主学习，主动寻找自己感兴趣的题目去思考。当孩子的棋艺训练已经达到这样的境界，家长的监督指导作用也就基本可有可无，可以安心去做一些后勤工作了。

如何监督孩子完成课后习题？

　　我比较擅长下棋，孩子棋艺培训课结束后，只要时间允许，我都会详细询问孩子课上学了什么，有没有什么地方没有听懂，对于孩子没搞明白的部分，耐心进行讲解。

　　我这个"助教"的工作效果明显，孩子在课上学到的知识得到了很好的巩固，但另一个问题是，孩子产生了较大的依赖性，课上只要遇到问题，下课马上就来问我，自己懒得去动脑筋。难道帮助孩子复习强化棋艺知识有什么不妥吗？

为什么习题训练是青少年棋手的必修课？很多经验丰富的教练之所以对小棋手完成课后习题的准确率、时间把控和态度等都进行严格考量，就是因为这个环节的训练能够很好地锻炼孩子的独立思考能力。

纹枰对弈，没有硝烟的战争。下棋，作为一个要求临场操作的智力运动项目，除了考验棋手本人对棋艺知识的掌握情况外，还需要其他很重要的能力，如计算能力和具体解决问题的判断能力。棋艺知识理论主要源自书本和课堂，计算能力及具体解决问题的判断能力则需要通过平时大量的习题练习和实战对局分析获得。

做题是棋手提高水平的基本训练内容。在培训班结束后，老师会根据课堂上讲的内容给孩子布置课后作业。这类作业大多是以习题的形式体现，需要孩子根据棋型和局面的特点找准方向，精确计算后才能找到正确答案。

论理解能力，成年人往往超过小孩子，因此对老师课堂讲授的知识掌握比较好；而涉及具体解题环节，大人大多不会花费很多的时间精力对待。此时，当孩子在进阶过程中遇到困难，家长又该怎么办呢？

孩子做习题，家长应该帮忙干点什么呢？特别是那些本人

　　棋艺水平不精，无法在家给予孩子棋艺知识方面指导的家长，是不是只能把做习题的任务留给孩子独立完成呢？

　　俗话说得好，千古无重局，对局时棋手面对的永远都是一个新的、从没见过的棋局。接下来的行动计划是什么？下一步棋应该怎么走？此时，棋手只有依靠自己的知识积累快速进行组合判断；此时，棋手能信任的只有自己！下棋时没有帮手和建议，更没有人为棋手进行临场的指点。

　　课后习题训练当然是要靠孩子自己完成，即便家长有能力给以辅导，还是要狠心放手让孩子去自己啃硬骨头。要知道，这个环节对孩子提高棋艺水平很重要，需要靠老师、家长、孩子相互配合才能完成。

让孩子学棋是一项好的"投资"吗？

每次在培训课快要结束的时候，门外早已聚了一大波等着接孩子的家长。人群中总能见到个别家长发愁的表情，与其他家长谈话时关注的话题也大多集中在送孩子下棋到底图什么、孩子是不是有机会成为专业棋手、孩子能不能借助棋艺特长获得更好的升学机会等，总而言之，类似的对话逻辑是把下棋当作一种在孩子身上的教育投资。学棋是性价比高的"投资"吗？

冠军妈妈来支招

让孩子参加棋类活动究竟是为了什么？

很多家长以为，家里投入了精力和财力，如果孩子不能在比赛中打出点成绩来，那就太"亏"了。

抱着这样想法的家长，接下来的态度无非两种：一是加大投入，非得让孩子在比赛中获得一个说得过去的成绩才算罢休；二是草率让孩子转其他项目，认为孩子在下棋方面没有什么天赋。

这里，我不禁要问：孩子下棋一定要学出点名堂吗？何不把心态放平和，仔细观察自家的孩子是不是真正喜欢下棋。人生的路很长，何必只看到眼前的一点点，让孩子做点他们自己喜欢的事情，有什么值得不值得的呢？

其实，仔细想想，生活中能为人们带来持久快乐的事，大多并不能带来实际收益。比如，大多数人参加体育锻炼，目的都不是成为职业运动员，而是为了增强体魄；音乐和美术更是异曲同工，艺术作品滋养着人们的生活，但真正能当画家和音

乐家的没有几个。下棋，同样如此。参加棋类项目的学习和赛事活动，成为职业棋手或是成为教练以棋为生不应该是大多数爱棋之人的目标，陶冶情操、以棋会友才是下棋这项智力活动赋予的宝贵财富。

所以，在青少年棋手的培养过程中，如果遇到个别家长心急短视的情况，教练首先会劝导家庭不要抱着功利心让孩子去学棋。特别是遇到极个别的把下棋视为孩子升学就业捷径的家长，我们通常的建议就是别让孩子太费心力去追求棋力水平的继续提高了。

这里面的道理很简单，下棋是一件需要潜心追求的事情，如果棋手本人和他周围最亲近的人心态不稳，不能抛开杂念去努力的话，即便教练的水平再高、棋手本人再努力、家庭中的其他人再配合，结果也是难尽如人意。

下棋是一项需要静下心领悟的智力运动，保持一份对棋艺事业本质的追求，守住一颗淡泊的心去看待得失，棋手前行的脚步才会稳健有力。

还要不要让孩子坚持学棋？

　　孩子早期学棋时表现十分优异，教练也夸她是个学棋的好料子，我们家长也像打了鸡血一样，对孩子学棋有益的事情一律全力支持，希望家里也能出个"小棋后"。随着孩子课业难度的增加，慢慢地，我们感到孩子学棋的积极性大不如前，甚至一度想放弃学棋。

　　我一想，如果现在放弃，之前的坚持不是白费了吗？真有点后悔给孩子规划得太早了。

　　我碰到过一些心态失衡的家长，因为孩子早期在下棋方面显露出才华，因此家里更倾向于增加孩子棋艺训练方面的投入。然而，孩子的棋力没有达到预期的效果，成绩方面也没有达到预期的目标。跟他们聊天的时候，"运气差"和"后悔"两个词出现的频率特别高。前一个词是给孩子没能在下棋这件事情上达到预期目标做一个和解，后一个词是追悔自己当年的孤注一掷。

　　碰到这样的家长朋友，我除了用话语安慰帮助其释怀之外，通常会建议家长学会朝前看。

　　下棋的孩子在智力水平上都不差，即便有所耽误，只要及时调整节拍，孩子一样会具备二次发展的必备素质。最关键的是，作为棋童家长，要学会客观估计自家孩子的综合素质，不能因为孩子在棋艺发展道路上一时的成败得失而忽视了他一生的全面发展。

　　不建议孩子因为下棋过早辍学，且不谈此举成功率有多高，退一步讲，即便孩子是块下棋的材料，在棋艺道路的追求方面达到了既定的目标，也不过是阶段性的目标实现。人生的路很漫长，职业棋手的生涯充其量不过是其中的一小部分，而学习却是一个人一辈子都要做的事情。

　　家有棋童是不是就要经历这样的磨炼呢？我想即便孩子真的就是那个百年难遇的"天才"，也大可不必过早舍弃孩子的常规学业，再拼上个"全家出动"来一次破釜沉舟式的棋艺冲锋。

　　坦白地讲，棋手这一职业并不是人人通过努力就能达到冠军水准的，想在这条路上走稳、走好，确实需要一点特殊的才华。换句话讲，假如某个孩子真的在下棋这件事上具备超人的才华，哪怕进不了中国棋院这样的专业机构，也一定会通过一些比赛活动的机会得到专家的赏识。那时，揣上专家邀请信，家长再去考虑是否需要全身心投入此行，也为时不晚。

所以，不管从哪个角度讲，在中国棋界大本营周边成百上千的以当冠军棋手为奋斗目标的人员群体，数目显然有些过于庞大了。换句话说，有些家长望子成龙心切，做出了不切合实际的选择。

　　记得从一本书上看到过这样的话，"假如一开始没成功，再试一次，仍不成功就该放弃；愚蠢的坚持毫无益处"。

如何把握对孩子的要求？

像专业棋手一样规范地要求孩子，有可能会让他感受到约束，下棋就变得没那么"好玩"了。

用娱乐的标准要求的话，孩子真的把下棋当成玩游戏了，就会缺少认真的态度。应该怎样把握对孩子的要求呢？

冠军妈妈来支招

训练的最高管理是调动学员的积极性和求胜心，这样孩子才能把自己更多的精力用在棋上。不要小瞧了孩子们的能力，个别时候不妨请小学员上讲台扮演小先生的角色，看看相同的知识点到底是老师讲得好，还是同学们更容易接受同龄人的话语体系。

就拿棋艺教学当中一些概念性较强的知识点为例，比如在消除保护战术应用和概念形成的教学环节中，如果只注重讲清除对方关键防守子的重要性，或者保护己方国王和关键棋子、关键格的紧迫性，因其蕴含的信息量比较大，低龄学员通常需要很长时间才能明白到底讲的是什么。但如果把这个知识点融入故事情节中，将其设定在两军对峙过程中的部队或武器装备等内容上，那么孩子就能够很好地理解和掌握了。

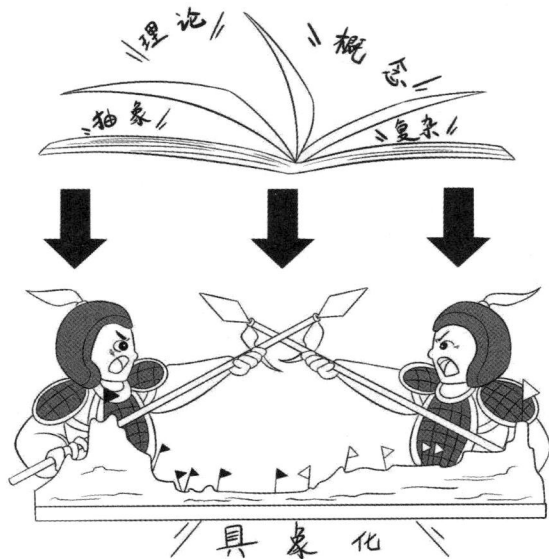

对了，下棋不仅是大脑的思考训练过程，还要练习小家伙把棋局过程高质量记录下来的本领，这样的训练对孩子未来朝着更高水平冲锋非常重要。

要知道，在象棋和国际象棋的正式训练交流和比赛较量中，棋手们都要做对局记录，棋局结束之后要进行复盘分析。所以，对局记录成为记录小棋手成长最真实的内容素材。当棋局数量积累到一定数量时，一本记录了小棋手成长的对局集自然形成。虽说这样一本书当中的棋局质量与高手之作不能相提并论，但是贵在原汁原味，优在表现出不同水平阶段上的难点和重要知识点，妙在细品之后会找到产生共鸣的经验和困惑。

俗话说"千古无重局"，一语道尽小小棋盘上的千变万化。每一个棋局过程都是全新的，我们可以借助以往的经验去处理新的问题，从过去的教训中吸取养分，不断改进。但是，下棋的时候我们必须要面对一个崭新的棋局，必须学会创造性地解决摆在眼前的问题。

孩子成长是一个个体能力不断提高的过程，如果孩子能够长时间坚持参加棋艺训练，在训练比赛等活动过程中体验，对个人的成长一定有积极的影响。

家有棋童，随着孩子学棋时间的延续和水平的提高，家长免不了对孩子下棋这件事情进行认真的考量：是加大训练量，期望孩子走专业棋手的路，还是棋艺和学业同步双轨前进？或者，棋下到一定水平就把注意力完全转到学校的课业学习上，将棋视为一种爱好，以后有机会再拿起来下下玩玩？每种选择都有成立的理由，在时间精力的管理方面都有需要做出妥协之处。

如何挖掘孩子的潜力？

　　新闻报道的冠军故事很有感召力，但是这类用文字或镜头记录下来的故事并不能原汁原味还原棋手的成长路程，有时还会引发家长群体的认知偏差，以为小棋手成长的路途上只要跨过几个关键的槛儿就行。

　　我们都知道，从一名棋童到一名优秀的棋手没那么简单，而是一项复杂的人才培养工程。作为家长的我们，该如何挖掘孩子的潜力呢？

每个孩子的身上都有很多天赋，其中的一些能够被外界观察到，并得以有效显现；当然，孩子身上也会有一部分潜能因为这样那样的因素未能及时得到发掘。

孩子身上的潜在能力如何最大程度得以发挥，关键在于家庭环境，而第一责任人就是父母。孩子进入社会之前的岁月是在家里度过的，父母当然应该是最了解孩子的人。

国际象棋界有这样一对创造了传奇故事的匈牙利家长，他们有 3 个女儿，夫妻俩的职业分别是心理学家和教师。在大女儿 4 岁的时候，夫妻俩发现小家伙对国际象棋产生了兴趣并表现出超人的棋艺才能。于是，这对从事教育工作的夫妻克服了重重困难，创造一切条件支持大女儿学棋，在他们的鼓励下，另外两个小女儿也在 4 岁时喜欢上了下棋。几个孩子都对下棋产生了浓厚的兴趣，若干年后她们都成长为世界级优秀棋手，更神奇的是，完全由这一家子组成的匈牙利国际象棋国家女队，两次取得了团体世界冠军。

对于这样类似于传奇的教育案例，人们除了惊叹之外，第一个反应就是那几个女孩子一定是下棋的天才，而她们的母亲却这样回答记者：我的孩子不是什么天才，就是再给我 10 个智力正常的孩子，我一样能够把她们培养出来。

　　教育孩子最重要的是掌握合适的时机和正确的方法。青少年教育的成败转折点往往表现在儿童身心发展的关键期，在合适的时机施以正确的教育方式，孩子的潜能就会最大限度得以发挥。

　　棋类项目的积极作用有目共睹，特别是下棋对培养儿童的兴趣、性格、信念、毅力等方面的作用更是令人津津乐道。在儿童智力发展的关键期，让孩子下棋，无异于给孩子开设了好玩的智力体操课程，不过，具体到各家，自己的孩子喜欢不喜欢下棋，从下棋这项活动中能够取得什么样的收获，只有细心的家长才能给出理想的答案。

　　做一名合格的家长，首先是要保持松弛愉悦的状态，多一点耐心陪伴孩子成长。

　　静待花开，功到自然成。

应该怎样看待称号？

是不是每一个孩子都能通过比赛获得相应的称号晋级机会？有称号的选手一定比没有头衔的实力强吗？应该怎样正确解读教育政策带来的机会和挑战？

冠军妈妈来支招

唉，原本是抱着让孩子开发智力的简单想法去学棋的，怎么会多出来这么多现实问题呢？一些家长百思不得其解。

当运动等级称号与求学和其他资源渠道发生关系的时候，关注孩子晋级、比赛名次以及资质获取是再正常不过的事情了。不过，凡事还是要保持顺其自然的初心为好，不然可能出现过犹不及、过于功利的问题，不仅耽误了孩子棋艺兴趣爱好的发展，还会间接影响到对课业学习的态度和投入。

那些令家长们视为榜样的学业棋艺双丰收的例子就发生在我们身边，但仔细想来，无不是家长、孩子和教练共同努力的结果，特别是在引导孩子的心态和时间合理分配安排方面，一定要采取因势利导的科学评判准则，不能以短时间内获取某个目标成绩为重点，那样只会形成短时效果，难以实现向更高水准冲击。

称号真的这么管用吗？不可否认，相应级别的称号能够在很大程度上反映出棋手的水平，很多时候，运动等级称号还会与孩子上学甚至未来就业挂上钩，但获取等级称号绝对不是孩子下棋的全部目的。因为，称号只是棋手达到一定水准后自然获取的结果，更重要的是扎实完成棋手水平提高的过程。在青少年选手棋艺训练水平提高的道路上，注重过程比追求结果更重要！对于比赛取得成绩之后获得的各种称号，家长、教练和孩子本人要正确看待，将目光放长远，才能获取更大的进步。

记得早些年自己经常被人问起："你是什么时候获得女子国际特级大师称号的？"当询问者得知我20岁获得这个称号的时候，大多表示了羡慕和赞赏。那时候，中国获得女子国际特级大师称号的棋手屈指可数，获得这个称号，便自然获得国际运动健将的称号。有了这光彩的头衔在身，当然意味着你已经是一个高手了。

现在可就不一样了，已经不会有太多人再去问专业女棋手什么时候获得女子国际大师、特级大师称号这样的问题，因为这些原本看似高深莫测的称号似乎已经成为通向专业棋手所必须拥有的"执照"。赛场上，棋手的姓名旁附上国际特级大师（GM）、国际大师称号的英文缩写（IM）司空见惯，现如今假如哪个大赛上露脸的棋手还无称号，那才算是一个新闻关注热点。

是什么原因令这些曾经光芒万丈的称号变为每个棋手必备的"大众货"了呢？难道国际象棋比以往容易下了不成？不可否认，国际象棋等级称号自推出以来都执行着统一的标准，随着时间的推移，当然会有越来越多的棋手达到这一标准并推动更多的棋手加入这一群体。

这多少有一点"通货膨胀"的感觉，对不对？其实，各行各业多多少少都存在这种现象。如果用通俗一点的语言来比喻，几十年前的国际特级大师是一流棋手的象征，现在的大师称号则更像是达到职业棋手水准的标志。

建议家长在审视自家孩子棋艺水平的时候，别总是把段位、几级棋士、大师等称号挂在嘴边，仿佛孩子拥有了这些头衔，就能证明多年在棋场上的教育没有白费似的。这些称号光芒的辐射作用无须刻意强调，每年华夏大地上这样那样的能够令参赛选手获取称号的比赛活动都会人满为患。如果想让孩子在棋艺方面有更高追求和更大发展，一定要多关注过程，少关注结果。家长一定要与教练商量沟通，送孩子参加那些"难度高"的赛事活动，这样的比赛虽然暂时看似"性价比不高"，但真正令高校求贤若渴主动伸出橄榄枝的学生，大多是在这样的平台上展示出亮眼的才华。

获取称号是好事，不过无须过分看重，目光长远顺势而为才能帮助孩子取得更大成绩。

特别附录 我的棋缘

幸运遇到棋

也许因为自己的成长经历，现在遇到家长咨询孩子是否应该学棋时，我的建议都是：看孩子的兴趣。兴趣是最好的老师，在兴趣和系统训练的支持下，孩子一定能够找到适合自己的方向和充分成长的空间。

对于应该怎样进行训练的问题，我的建议是要教孩子学会琢磨棋理。多年的棋手经历让我明白了棋盘内外皆学问，棋理是棋局学问最核心的内容。琢磨明白棋理，并把棋理应用在其他领域，即便孩子不能成为技艺高超的棋手，也不枉爱棋一场。

智力游戏从看大人打牌开始

小时候，我最开心的一件事情就是看别人打牌。不是什么复杂的玩法，就是现今街边、公园里那种随处可见的"争上游"——北方城市最常见的一种纸牌游戏玩法。通常，6个人分为 2 家对抗，一副牌 54 张扑克每人只能分到 9 张，哪一方最早出完牌便取得胜利。

那时我大概只有四五岁的样子，没有幼儿园可上，因此有的是时间，可以无拘无束做自己喜欢的事。家中的老人把我带到外面便往往放手让我自由玩耍，只要我不跑出大人的视线就行。大人们还有很多自己的事情要做呢。

站在打牌人身后观牌局是很有意思的一件事。看牌的人可以自由走到所有打牌人的背后，很容易便能把众人的牌都看个一清二楚，看了对家和对手的牌之后，双方的牌力都知道个清清楚楚，然后再设计出怎样出牌。

那时我自以为看懂了、会打牌了，小小的成就感令自己很是有那么一点得意。当然，大人们玩牌是轮不到小孩上场的，但是也有个别打牌人会在犹豫不决时询问周边观牌人的意见，于是，像我这样的小人儿就有了发言的机会。因为我已经把大家的牌都看遍了，提出的建议自然是正确的时候居多。打牌的大人们一般都不在意孩子支招，在他们眼里，孩子只会瞎玩，哪里看得懂他们大人高深的扑克玩法。但时间长了，他们对我这个小毛丫头有点另眼看待了，久而久之，自己还收获了不少表扬，这样的经历或多或少对自己后来下棋产生了些积极作用。

现在回想起来还会忍俊不禁，明明是小孩子不懂事，看遍了所有人的扑克涉嫌"耍赖皮"，却在无意间锻炼了我的记忆力和计算能力，更培养了我对棋牌活动的兴趣。

打牌与下棋看似两件完全不同的事，但两者间却存在千丝万缕的联系。大多喜欢下棋的人都对打牌不陌生，棋牌应属同类智力游戏，只不过难度不同、策略不一样罢了。

街头"小棋王"

回忆童年的学棋时光，最难忘的是夏日的夜晚，父亲带着我钻进路边观棋的人堆，找个位置盘腿席地而坐。昏暗的路灯下，喧闹的人群中，与其说众人在围观两名棋手对弈，不如说是在大家一起七嘴八舌乱出主意的过程中下完了一盘棋。很快，我慢慢看懂了棋局，从围观不语到能够提出一些见解。再后来，我在大家的鼓励声中坐到了下棋的那把椅子上。

遥想当年，街边一大群人在路灯下，围着看一个还没上学的小丫头挑战已经退了休的老人下棋，确实称得上是一副特殊的热闹画面。经过了这样一个又一个的夏日夜晚，我的棋力水平得到了不断提高，最终成了我们那条街巷的无冕"小棋王"。谁也没有想到，当年街边下棋的小姑娘后来真的走上了棋手之路，并且在这条路上越走越远。

老实讲，回想起来，仍要感谢那些水平并不太高的棋迷叔叔大爷们，正是在他们七嘴八舌的质疑、鼓励和批评建议声中，棋的种子在我童年的幼小心灵中深深埋下。正是在这种非常不正规的学棋环境中成长的经历，使我从小就清楚地知道，我能下好棋，我能在棋盘上打败很多大人！

孩子的世界时间很自由，从看牌到跟着父亲看下棋，我学会了下象棋，后来在北京市比赛中崭露头角、被棋院的教练选中，进而走上系统学棋的道路。直至今日，当有些家长询问他们的孩子是否具备成为棋坛高手的素质时，我经常答非所问地问家长一句话："你的孩子特别喜欢下棋吗？"没错，只有孩子自己喜欢，只有他们自己对下棋发生了浓厚的兴趣，才能够讨论未来是否可以成为棋坛高手的问题。

从象棋到国际象棋

十岁时，我拿了北京市象棋的少儿组冠军，被京城棋界的教练看中，进入北京棋院学棋，开始了集体生活。不过，小小年纪的我根本不清楚为什么摆在自己面前的不是楚河汉界的象棋棋盘，而是换成了黑白64格立体棋子的国际象棋。虽说之前有了三年多象棋的基础，还在正式比赛中拿到过优异成绩，在少儿棋手群体里算得上是"老"资格，但是，在职业高手聚集的北京棋院，我的年龄最小，棋艺水平最差，自己的那点棋艺家底儿根本拿不出手。不过，孩子毕竟是孩子！喜欢下棋的初心没变，能下棋就很开心了，十岁孩子贪玩的天性并未因为自己水平低或者被外界予以厚望而改变。

十岁的象棋小冠军改下国际象棋，也算得上是半路改行吧。当然，那时正规学棋的孩子人数少，因此即便十岁才算走上了"正轨"，我也没觉得在那之前走了什么弯路。

回想自己刚学国际象棋的时候，中国的国际象棋界还在为终于出现了第一个国际大师而兴奋不已，虽说这一称号在欧美国家已经不是什么新鲜事情，但是在20世纪80年代的中国，国际象棋是什么，应该怎样下，相信这些问题会难住众多国人。不止一次，我在棋盘前苦思冥想的时候，会被别人误认为在下跳棋或其他什么棋种，也没有热情的棋迷七嘴八舌地建议下一步着法。反之，更多地，我会被问道："你面前摆的棋叫什么？"那时候，尽管自己还是一个不谙世事的小丫头，但我已经多少学会如何品味消化不被理解的孤独感。

　　上学之余，每天留给下棋的时间不多。尽管如此，教练讲棋下课之后，我在空闲时间还是什么事情好玩就干什么。小孩子哪里懂得自主学习，在一个缺少家长管理和教练监督的环境中，原本晚上应该做习题和预习棋艺知识的时间，都用来看电视和满院子疯跑了。

　　学棋头一年的时间就这样不知不觉过去了，自己的棋艺进步速度当然可想而知。于是，第二年我被送到了少年体校参加训练，说白了，基本就同退回去差不多了。不过，自己反倒是因祸得福，虽说体校没有棋院那样高手云集，但有加班加点严格管理的教练，还有朝夕相处的小伙伴。

　　在体校的生活是快乐的，我喜欢与同龄伙伴一起变着花样淘气，喜欢在教练板着脸的监督下偶尔偷个小懒。当然，有人管了，有棋下了，自己的玩性大大收敛，棋艺潜能在这样的环境下得到了充分的发掘。一年后，我又杀回了北京棋院，还以小打大跨过数个年龄段参加了成人比赛，夺得了北京市第六届运动会国际象棋女子成人组的冠军。

十岁出头的我不明白在北京棋院下棋或者是在少年体校下棋有什么区别，只知道有棋相伴的日子就是快乐的。

青砖四合院的回忆

随着 21 世纪的钟声敲响，古老的北京城正日新月异，发生着翻天覆地的变化，北京棋院原来的那个小院也随着市政建设的重新规划从北京市的地图上永远地消失了。北京棋院对我有着特别的意义，因为那里曾经是我生活、成长的地方，小院里留下的不仅是自己美好的童年回忆，还有很多耐人寻味的故事……

从北京天安门广场往西走大约五六百米的样子，有一个名不见经传的胡同——西旧帘子胡同，胡同中的一栋坐北朝南二层小楼在周围平房中显得鹤立鸡群。走近前来，一座古色古香具有北方特色的青砖四合院映入眼帘，它便是从 80 年代初成为首都棋类事业的大本营——北京棋院。

十岁那年，我睁着一双好奇的眼睛，兴高采烈、一蹦一跳地走进这个颇有点神秘色彩的四合院，谁能想到自己跨入大门的那一刻，无意中选择了未来人生的道路，我的棋艺生涯也从此开始了。

记得那一天晴空万里，我被大人们领进这座四合院，不大的院子里安静极了，偶尔几声噼啪的棋子起落声显示着小院的高雅。还模糊记得自己被老师们拉到二楼的棋艺训练室下了几盘棋，被不知何方高手杀得全无招架之功，有几个大人在周围不停地议论着我这个小不点儿。

印象最深的是棋院的午餐特别好吃，餐后每人还有水果，第一次享受如此丰盛的"免费大餐"，把我撑了个肚儿歪；院子里有整整一满架枝叶茂盛的葡萄藤和一棵结满果实的海棠树，海棠枝头的果子虽然不大，红艳艳的却把人馋得口水直流。回忆对自己有着特殊纪念意义的一天，印象最深的事情竟然大多与吃有关，想起来真是有些不好意思，但这却是一个孩子对北京棋院的第一印象。

从那以后，我开始了在北京棋院的集体生活，每日上午到附近学校上学，下午训练，食宿都在那个不大的小院里。少年不知愁滋味，虽然自己的棋艺水平在很长时间都保持着原地踏步，可这一点儿都不妨碍我在小院中快乐地生活和成长。棋院的院子虽然不大，却是北京乃至全国棋界藏龙卧虎的地方。

20世纪80年代，中国棋界的一些重要赛事经常安排在北京棋院这座不大的四合院中。不经意间，你可以看到被誉为称霸中国象棋坛"南北二谢"中的"北谢"——谢小然，老先生略微发胖的身材，脸上总是挂着一副慈祥的笑容。"亚洲棋后"谢思明，独占楚河汉界巾帼风骚，除了在棋盘上以刻苦努力闻名棋界，每天早晨无论刮风下雨，必在院子里踢腿弯腰，坚持锻炼身体。

围棋界泰斗"小过老"——过惕生，干干瘦瘦的一个小老头，端着个肩膀，穿着打扮都保留着旧时代的痕迹，周围的人不管对围棋有没有兴趣，对他老人家可都是毕恭毕敬。聂卫平，圆圆的脸上架着一副深色框边的眼镜，除了与棋院围棋队的队员分析棋局外，他在大棋盘前的应众讲解也是小院里独特的节目。

还有中国第一个国际象棋国际大师刘文哲，他总是西装礼帽，低着头，满怀心事般匆匆走过小院……

当时的北京棋院还是各省市棋手互相交流棋艺的地方，来自五湖四海的年轻棋手经常是铺盖卷一铺，生活在同一个屋檐下，成了室友。小院还是棋界高手出国时必到的中转站。记得有一次上海棋院的戚惊萱老师路过此地，教练请他让出一个皇后与我下一盘指导棋，当时他一脸大惑不解："棋盘上少了一个皇后，这棋还怎么下？"但最后他还是取得了胜利。

那座青砖四合院里的少年生活永远保存在我的记忆中，那是梦开始的地方。我期盼着自己少年时期在小院里体验过的美好故事在更多爱棋的孩子身上继续下去。

下棋是一个博弈的过程，是一种渐进的领悟。棋如人生，一切皆有可能……

后记

为什么要写这样一本书？想来完全是对棋的情感使然。

那是伴随着岁月渐渐融入骨子里的热爱，与比赛成绩无关，与职业属性无关，与日常生活中是否有棋相伴无关。成长的经历，让棋成为我生命中的一部分。

小时候喜欢智力类游戏，后来遇到棋，再后来成为一名棋手、教练，现在是一名教育工作者，曾经的棋童成长经历称得上是我人生中很特别的一笔财富。

忘不了当棋院院长的那几年，经常会遇到棋童的家长带着困惑咨询孩子下棋的各种问题，于是就萌生了念头，将棋童成长、家长教育和训练比赛中的一些话题进行相对系统的整理，或许对青少年棋艺爱好者的成长能发挥一点积极的作用。

育人是一项工程，有理论的引导，也有实践的经验，但在执行过程中却又需要担负教育职责的人不断学习琢磨：有太多因素可能会影响到教育工作的实施和教育效果，因此一定要善于学中做、做中学。

感恩家人对我无条件的支持和理解，感激教练对我的教导、信任和帮助，感谢棋友伙伴的暖心情谊。下棋是一件好玩的事情！时光有棋相伴，是一件幸福的事情！爱棋，值得！

最后，我用记述十几年前一次活动的一次发言作为这本书的收尾，希望有棋相伴的日子能为更多青少年朋友带来别样的成长体验，令人生变得更加丰满充盈！

在中国国际象棋协会成立五十周年庆典上，我很荣幸被授予了最高荣誉——杰出贡献奖。会议正式召开之前，我得知自己将要在仪式上作为运动员代表做个十分钟的简短发言。然而，就是这个区区十分钟的讲话任务，却让自己的思绪久久不能平静，二十多年棋手生涯，点点滴滴像电影画面一样重现在眼前，一张张熟悉的面孔，每个接触过的老师和队友都曾经在自己的成长经历中起到这样或那样的作用。没有办法将这一切浓缩在短短十分钟的发言稿中，于是，我只好在开会的前夜重新整理了一下思路，简单列了一个提纲便走上了讲台。

"我成长在中国棋艺事业承前启后发展的阶段。相比较年长一辈的中国棋手，我们这批人可谓是太幸福了。前辈们已经给我们打下了一定的基础，我们不再处于一穷二白只能洗耳恭听西方棋手经验和课程的阶段。在我学棋的时候，中国已经有了亚洲第一个女子国际特级大师和若干名男子国际特级大师。虽然这样的基础与欧美棋艺领先的国家相比还是显得单薄，但是中国棋手毕竟已经具备了一定的实力，开始跃跃欲试，萌发了冲击世界高峰的愿望。当然，那时的条件完全不能与当下同日而语——因为经费的限制，临时性的集训要像游击队一样打一枪换一个地方，专拣价格便宜的食宿场所；一年难得几次出国比赛的机会，棋手们必须要经历严酷的队内层层选拔不说，出行还要将大把的时间花在路途上——我们这批棋手都有过不止一次乘火车赴欧洲参赛的经历；还有国外比赛时吃得次数太多而令人现在一想起来就会生厌的方便面、饼干、榨菜、罐头……不过，现在回想起这段经历，艰苦的生活条件并没有在记忆里留下太深的烙印，最难受的莫过于当时国际象棋不被国人所知晓，自己投身的事业缺少认同感，那是我心底最深的痛。

我要特别感谢教育我、帮助我、陪伴我成长的老师和前辈棋手们，在那段最艰难的时期，你们没有教给我们年轻一代抱怨和指责，而是用实际行动带领我们一起去默默努力奋斗，从而造就了中国年轻一代棋手那种源自骨头里的拼搏精神。正是依靠这种精神，我们最终登上了世界棋坛的顶峰……"